Estudios Bíblicos para Niños
MATEO

© 2011 Nazarene Publishing House

ISBN 978-1-56344-713-6

Directora del ministerio entre los niños: Leslie M. Hart
Editora de la versión en inglés: Kimberly D. Adams
Editora jefe del esgrima infantil: Allison Southerland
Comité editorial: Dan Harris, Nate Owens, Beula Postlewait

Traductora: Gladys Aparicio

Portada: Greg White

Originalmente publicado en inglés con el título:
   Children's Bible Studies in Matthew
   Copyright © 2010
   Publicado por Beacon Hill Press de Kansas City

   Una División de Nazarene Publishing House
   Esta edición se publicó mediante un acuerdo
   con Nazarene Publishing House
   Kansas City, Missouri, EUA

   Derechos reservados.
   Publicaciones Niños Primero
   17001 Prairie Star Parkway
   Lenexa, KS 66220 (EUA)

En cooperación con Ministerios de Niños Internacional y Publicaciones Nazarenas Globales.
Todas las citas bíblicas en esta publicación son de la Santa Biblia, Reina Valera 1960.

El primer Esgrima Bíblico Infantil, creado por el Rdo. William Young, se presentó en la Convención General de la Sociedad de Jóvenes Nazarenos de 1968 en Kansas City, Missouri (EUA). Se realizó con tres equipos de demostración del Distrito Kansas City: Kansas City First, Kansas City St. Paul's y Overland Park.

Indice

¡Bienvenido! 5
Reglas y Procedimientos Oficiales del Esgrima Infantil 9
Lección 1 18
Lección 2 24
Lección 3 30
Lección 4 36
Lección 5 42
Lección 6 48
Lección 7 54
Lección 8 60
Lección 9 66
Lección 10 72
Lección 11 78
Lección 12 84
Lección 13 90
Lección 14 96
Lección 15 102
Lección 16 108
Lección 17 114
Lección 18 120
Lección 19 126
Lección 20 132
Versículos para Memorizar 138
Actividades para Enseñar el Versículo para Memorizar 140
Hoja de Asistencia 142
Tabla de Puntaje del Esgrima Infantil 143
Patrocinadores 144

¡Bienvenido!

¡Bienvenido a los *Estudios Bíblicos para Niños: Mateo!* En esta colección de estudios bíblicos, los niños aprenden acerca de la santidad de Dios y su fidelidad hacia su pueblo, aun cuando éste hacía una mala decisión.

Estudios Bíblicos para Niños: Mateo es uno de seis libros de la serie *Estudios Bíblicos para Niños*. Con la ayuda de estas lecciones, los niños empiezan a comprender la cronología bíblica y el significado de los eventos bíblicos. A medida que los niños aprenden acerca de la vida de los personajes en estos estudios, descubren el amor de Dios por toda la gente y el lugar que ellos ocupan en el plan divino. Dios a veces usa milagros para cumplir su propósito. A menudo Él trabaja por medio de personas para realizar lo que desea hacer.

La filosofía de los *Estudios Bíblicos para Niños* es ayudarles a entender lo que dice la Biblia, aprender cómo Dios ayudaba a la gente, y conocer a Dios por medio de una relación con él. Esto incluye la lección bíblica, la memorización de versículos y la aplicación de las enseñanzas bíblicas a situaciones reales de la vida.

En los *Estudios Bíblicos para Niños* usamos la versión Reina Valera 1960 de la Biblia.

LIBROS

Veremos a continuación una breve descripción de los libros de esta serie y la forma en que interaccionan entre sí.

Génesis proporciona el fundamento. Este libro relata cómo Dios de la nada creó el mundo, formó al hombre y a la mujer, y creó un hermoso huerto como hogar para ellos. Estas personas pecaron y Dios los castigó por sus pecados. Génesis presenta el plan divino para reconciliar la relación rota entre Dios y la gente. Presenta a Adán, Eva, Noé, Abraham, Isaac y Jacob. Dios hizo un pacto con Abraham (en Génesis 15), y renovó ese pacto con Isaac y Jacob. Génesis concluye con la historia de José, quien salva a la civilización de la hambruna. Esa hambruna compele al pueblo de Dios a trasladarse a Egipto.

Éxodo narra cómo Dios continuó manteniendo la promesa que le hizo a Abraham en Génesis 15. Dios rescató a los israelitas de la esclavitud en Egipto. Jehová escogió a Moisés para que guiara a los israelitas. Dios estableció su reinado sobre los israelitas. Él los guió y gobernó mediante el establecimiento del sacerdocio y el tabernáculo, los Diez Mandamientos y otras leyes, los profetas y los jueces. Al final de Éxodo, sólo una parte del pacto de Jehová se había cumplido.

Josué/Jueces/Rut relatan cómo Dios cumplió su pacto iniciado en Génesis 15. Finalmente los israelitas conquistaron la tierra que Dios le prometió a Abraham y se establecieron en ella. Los profetas, los sacerdotes, la ley y los rituales de adoración declaraban que Dios era el Señor y el Rey de los israelitas.

Las 12 tribus de Israel se establecieron en la tierra prometida. Este estudio resalta a los siguientes jueces: Débora, Gedeón y Sansón.

En **1 y 2 Samuel**, los israelitas quisieron un rey porque las otras naciones tenían rey. Estos libros relatan acerca de Samuel, Saúl y David. Jerusalén llegó a ser el centro de la nación unida de Israel. Este estudio muestra cómo la gente reacciona en diferentes maneras cuando es confrontada por sus pecados. Mientras que Saúl culpaba a otros o daba una excusa, David admitió su pecado y pidió perdón a Dios.

Mateo es el punto central de toda la serie. Se enfoca en el nacimiento, la vida y el ministerio de Jesús. Todos los libros previos de la serie apuntaban a Jesús, como el Hijo de Dios y el Mesías. Jesús marcó el inicio de una nueva era. Los niños aprenden acerca de esta nueva era en varios eventos: las enseñanzas de Jesús, su muerte, su resurrección, y la instrucción a sus discípulos. Por medio de Jesús, Dios proveyó una manera para que la gente pudiera tener una relación con él.

En el principio de **Hechos**, Jesús ascendió al cielo, y Dios envió al Espíritu Santo para que ayudara a la iglesia. Las buenas nuevas de salvación por medio de Jesucristo se difundieron a muchas partes del mundo. Los creyentes predicaron el evangelio a los gentiles, y empezó la obra misionera. El mensaje del amor de Dios transformaba tanto a judíos como a gentiles. Hay una conexión directa entre los esfuerzos evangelísticos de los apóstoles Pablo y Pedro con la vida de la gente hoy en día.

CICLO

Se sugiere el siguiente ciclo de estudios específicamente para los que participarán en el aspecto opcional del Esgrima de los *Estudios Bíblicos para Niños*.

    Mateo (2011-2012)
* Hechos (2012-2013)
    Génesis (2013-2014)
    Éxodo (2014-2015)
    Josué/Jueces/Rut (2015-2016)
* 1 y 2 Samuel (2016-2017)
    Mateo (2017-2018)

*Indica un año cuando se realiza el Esgrima Bíblico Mundial.

HORARIO

Los *Estudios Bíblicos para Niños* tienen 20 lecciones. Designe de 60 a 120 minutos para el tiempo de clase. El siguiente horario es una sugerencia para cada estudio:

- 15 minutos para la Actividad.
- 30 minutos para la Lección Bíblica
- 15 minutos para el Versículo Para Memorizar
- 30 minutos para Actividades Adicionales (opcional)
- 30 minutos para las Preguntas para la Competencia (opcional)

PREPÁRESE

Una buena preparación de cada estudio es importante. Los niños prestan más atención y entienden mejor el estudio si el maestro lo prepara bien y lo presenta bien. En cada lección, el texto que aparece en letras negritas indica las palabras sugeridas para que el maestro diga a los niños. Los siguientes pasos son directrices para el maestro al preparar cada estudio.

Paso 1: Panorama Rápido. Lea el Versículo para Memorizar, la Verdad Bíblica, el Propósito y la Sugerencia para la Enseñanza.

Paso 2: Pasaje Bíblico y Comentario Bíblico. Lea los versículos del pasaje bíblico para la lección y la información del Comentario Bíblico, además de las Palabras Relacionadas con Nuestra Fe, Personajes, Lugares y Objetos que se incluyan.

Paso 3: Actividad. Esta sección incluye un juego u otra actividad a fin de preparar a los niños para la lección bíblica. Familiarícese con la actividad, las instrucciones y los materiales. Lleve a la clase los materiales que necesite. Antes que lleguen los niños, prepare la actividad.

Paso 4: Lección Bíblica. Repase la lección y apréndala de manera que pueda relatarla como una historia. Los niños quieren que el maestro narre la historia en vez de que lea del libro. Use las Palabras Relacionadas con Nuestra Fe, Personajes, Lugares y Objetos de cada lección, proporcionando así información adicional a medida que relate la historia. Después de ésta, use las preguntas de repaso. Éstas ayudarán a los niños a comprender la historia y luego aplicarla a sus vidas.

Paso 5: Versículo para Memorizar. Aprenda el versículo para memorizar antes de enseñarlo a los niños. En las páginas 140 encontrará una lista de los versículos para memorizar y actividades sugeridas para la memorización. Escoja de allí actividades para ayudar a los niños a aprender los textos bíblicos. Familiarícese con la actividad que elija. Lea las instrucciones y prepare los materiales. Lleve a la clase los materiales que necesitará.

Paso 6: Actividades Adicionales. Éstas son una parte opcional del estudio. Estas actividades reforzarán el estudio bíblico de los niños. Muchas de ellas requieren materiales, recursos y tiempo adicionales. Familiarícese con las actividades que elija. Lea las instrucciones y prepare los materiales. Lleve a la clase los materiales que necesitará.

Paso 7: Práctica para el Esgima. El esgrima es la parte de competencia de los *Estudios Bíblicos para Niños*. Es una parte opcional del estudio. Si deciden participar en el Esgrima, dedique tiempo para preparar a los niños. Se proveen preguntas de práctica para cada estudio. Las primeras 10 preguntas son para el nivel básico de competencia. Hay tres posibles respuestas para cada pregunta y estas preguntas son más simples. Las siguientes 10 preguntas son para el nivel avanzado de competencia. Hay cuatro posibles respuestas para cada pregunta y estas preguntas son más extensas. Con la ayuda de su maestro, los niños eligen su nivel para la competencia. En base al número de niños y los recursos disponibles, usted puede decidir si ofrecerá sólo el nivel básico o sólo el nivel avanzado. Antes de leerles las preguntas de práctica, léales a los niños el pasaje bíblico.

ESGRIMA BÍBLICO INFANTIL

El Esgrima Bíblico Infantil es una parte opcional de los *Estudios Bíblicos para Niños*. Cada iglesia, y cada niño o niña, decide si participará en una serie de eventos competitivos.

Las competencias de Esgrima siguen las reglas que se describen en este libro. Los niños no compiten entre sí para determinar a un ganador. Las iglesias no compiten entre sí para determinar a una ganadora.

El propósito del Esgrima es que ayude a los niños a determinar lo que aprendieron acerca de la Biblia, disfrutar de los eventos de competencia, y crecer en su capacidad para mostrar actitudes y conductas cristianas durante los eventos competitivos.

En el Esgrima, cada niño o niña se desafía a sí mismo o a sí misma a fin de alcanzar un nivel digno de premio. En este acercamiento, los niños compiten contra una base de conocimiento, no unos contra otros. El Esgrima usa un acercamiento de opciones múltiples, permitiendo que cada participante responda todas las preguntas. Las preguntas con opciones múltiples ofrecen varias respuestas, y el niño escoge la correcta. Este acercamiento hace posible que todos los niños resulten ganadores.

MATERIALES PARA EL ESGRIMA

Cada niño necesita números en el Esgrima para responder las preguntas. Los números para el Esgrima son cuatro cuadrados de cartón, cada uno de los cuales tiene una etiqueta en el extremo superior con los números 1, 2, 3 y 4 respectivamente. Los números entran en una caja de cartón.

Las cajas y los números de cartón para el Esgrima, como se ven aquí, se pueden comprar del Nazarene Publishing House en Kansas City, Missouri, Estados Unidos.

Si en su área no consigue las cajas y los números para el Esgrima, puede hacer sus propios números usando cartulina, platos de cartón, madera o el material que tenga disponible. Cada niño necesita un juego de números para el Esgrima.

Cada grupo de niños necesitará a una persona para que anote los puntos por sus respuestas. En la página 140 hay una hoja para puntaje de la cual pueden hacer copias. Use esta hoja para puntaje para mantener registro de las respuestas de cada niño.

Si es posible, entregue algún tipo de premio por el desempeño de los niños en cada competencia de Esgrima. Los premios que sugerimos son: certificados, ilustraciones adhesivas (pegatinas), cintas, trofeos o medallas.

Por favor, sigan estas reglas. Las competencias que no se realicen de acuerdo con las *Reglas y Procedimientos Oficiales del Esgrima Infantil* no calificarán para otros niveles de competencia.

Reglas y Procedimientos Oficiales del Esgrima Infantil

EDADES Y GRADOS ESCOLARES

Los niños del 1º al 6º grado* pueden participar en las competencias de Esgrima Infantil. Los que estén en 7º grado, no importa su edad, participan en el Esgrima de Adolescentes.

ESGRIMA – NIVEL BÁSICO

Este nivel de competencia es para los esgrimistas menores o los que recién empiezan. Los esgrimistas mayores que prefieran un nivel más fácil de competencia también pueden participar en el Nivel Básico. Las preguntas del Nivel Básico son más simples. Hay tres respuestas para cada pregunta, con un total de 15 preguntas en cada vuelta. El director distrital o regional de Esgrima Infantil determina las preguntas y el número de vueltas en cada competencia. La mayoría de las competencias tienen dos o tres vueltas.

ESGRIMA – NIVEL AVANZADO

Este nivel de competencia es para esgrimistas mayores o con experiencia. Los esgrimistas menores que deseen un desafío mayor pueden participar en el Nivel Avanzado. Las preguntas para el Nivel Avanzado son más extensas. Hay cuatro posibles respuestas para cada pregunta, con un total de 20 preguntas en cada vuelta. El director distrital o regional de Esgrima Infantil determina las preguntas y el número de vueltas en cada competencia de Esgrima.

CAMBIO ENTRE NIVELES

Los niños pueden cambiar entre el Nivel Básico y el Nivel Avanzado sólo para las competencias de Esgrima por Invitación. Esto ayuda a los líderes y a los niños a determinar cuál es el mejor nivel para cada niño.

Para las competencias de zona/área, distrital y regional, el director local debe inscribir a cada niño ya sea para el Nivel Básico o el Nivel Avanzado. El niño tiene que participar en el mismo nivel durante las competencias de zona/área, distrital y regional.

TIPOS DE COMPETENCIA

Competencia por Invitación

Una competencia por invitación se realiza entre dos o más iglesias. Los directores locales de Esgrima Infantil, directores de zona/área de Esgrima Infantil, o directores distritales de Esgrima Infantil pueden organizar competencias por invitación. Las personas que organicen una competencia por invitación tienen la responsabilidad de preparar las preguntas para la competencia.

---

*Información para otros países: En los Estados Unidos, los grados 1º-6º corresponden generalmente a 6-12 años de edad.

Competencia de Zona/Área

Cada distrito puede tener agrupaciones más pequeñas de iglesias que se denominan zonas. Si una zona tiene más esgrimistas que otra, el director distrital de Esgrima Infantil puede separar o combinar las zonas para crear áreas con una distribución más equitativa de esgrimistas. El término "área" significa que las zonas se han combinado o dividido.

Las iglesias ubicadas en cada zona/área compiten en esa zona/área. El director distrital de Esgrima Infantil organiza la competencia.

En las competencias de zona/área se usan las preguntas oficiales. Envíe un mensaje electrónico a *ChildQuiz@nazarene.org* para solicitar estas preguntas a la Oficina General de Esgrima Infantil.

Competencia Distrital

Los niños avanzan de la competencia de zona/área a la competencia de distrito. El director distrital de Esgrima Infantil determina las cualificaciones para la competencia y la organiza.

En las competencias distritales se usan las preguntas oficiales. Envíe un mensaje electrónico a *ChildQuiz@nazarene.org* para solicitar estas preguntas a la Oficina General de Esgrima Infantil.

Competencia Regional

La competencia regional se realiza entre dos o más distritos.

Cuando hay un director regional de Esgrima Infantil, él o ella determina las cualificaciones para la competencia y la organiza. Si no hay un director regional, los directores de los distritos participantes organizan la competencia.

En las competencias regionales se usan las preguntas oficiales. Envíe un mensaje electrónico a *ChildQuiz@nazarene.org* para solicitar estas preguntas a la Oficina General de Esgrima Infantil.

Competencia Mundial de Esgrima

Cada cuatro años, la Oficina de Ministerios de Niños Internacional patrocina un Esgrima Mundial. Ministerios de Niños Internacional determina las fechas, los lugares, los costos, las fechas de las eliminatorias, y el proceso eliminatorio general para todas las competencias de Esgrima Mundial. Si desea más información, envíe un mensaje electrónico a *ChildQuiz@nazarene.org*.

DIRECTOR DISTRITAL DE ESGRIMA INFANTIL

El director distrital de Esgrima Infantil realiza todas las competencias de acuerdo con las *Reglas y Procedimientos Oficiales del Esgrima Infantil*. Él o ella tiene la autoridad para agregar procedimientos adicionales de Esgrima en el distrito, siempre y cuando no estén en conflicto con las *Reglas y Procedimientos Oficiales del Esgrima Infantil*. Cuando es necesario, el director distrital de Esgrima Infantil se pone en contacto con la Oficina General de Esgrima Infantil, en Ministerios de Niños Internacional, para solicitar un cambio específico en las *Reglas y Procedimientos Oficiales del Esgrima Infantil* para un distrito. El director distrital de Esgrima Infantil hace decisiones y resuelve problemas dentro de las directrices de las *Reglas y Procedimientos Oficiales del Esgrima Infantil*. Si es necesario, el director distrital de Esgrima Infantil se pone en contacto con la Oficina General de Esgrima Infantil para solicitar una decisión oficial respecto a una situación específica.

DIRECTOR REGIONAL DE ESGRIMA INFANTIL

El director regional de Esgrima Infantil crea un equipo regional de liderazgo de Esgrima Infantil, que consiste de todos los directores distritales de Esgrima Infantil en la región. El director regional de Esgrima Infantil permanece en contacto con este equipo para que los procedimientos se mantengan consistentes en toda la región. Él o ella realiza y organiza las competencias regionales de acuerdo con las *Reglas y Procedimientos Oficiales del Esgrima Infantil*. El director regional de Esgrima Infantil se pone en contacto con la Oficina General de Esgrima Infantil, en Ministerios de Niños Internacional, para solicitar cualquier cambio en las *Reglas y Procedimientos Oficiales del Esgrima Infantil* para una región específica. Ante cualquier conflicto que pudiera surgir, él o ella lo resuelve aplicando las directrices de las *Reglas y Procedimientos Oficiales del Esgrima Infantil*. Si es necesario, el director regional de Esgrima Infantil se pone en contacto con la Oficina General de Esgrima Infantil para solicitar una decisión oficial respecto a una situación específica. Él o ella se pone en contacto con la Oficina General de Esgrima Infantil para incluir la fecha del esgrima regional en el calendario de la iglesia general.

En los Estados Unidos y Canadá, el cargo de director regional de Esgrima Infantil es un puesto en desarrollo. Actualmente esa persona no preside sobre los directores distritales de Esgrima Infantil en la región.

MODERADOR DEL ESGRIMA

El moderador lee las preguntas en la competencia de Esgrima. El moderador lee dos veces la pregunta y las respuestas de opción múltiple antes que los niños respondan la pregunta. Él o ella sigue las *Reglas y Procedimientos Oficiales del Esgrima Infantil* establecidos por la Oficina General de Esgrima Infantil y el director distrital/coordinador regional de Esgrima Infantil. En caso de un conflicto, la autoridad final es el director distrital/regional de Esgrima Infantil, quien consulta las *Reglas y Procedimientos Oficiales del Esgrima Infantil*. El moderador puede participar en diálogos con los anotadores del puntaje y el director distrital/regional de Esgrima Infantil respecto a un cuestionamiento. El moderador puede establecer un receso.

ANOTADOR DEL PUNTAJE

El anotador del puntaje lleva registro de las respuestas de un grupo de niños. Él o ella puede participar en diálogos con los anotadores del puntaje y el director distrital/regional de Esgrima Infantil respecto a un cuestionamiento. Todos los anotadores del puntaje deben usar el mismo método y los mismos símbolos para asegurar el conteo correcto de los puntos.

PREGUNTAS OFICIALES DEL ESGRIMA

El director distrital de Esgrima Infantil es la única persona en el distrito que puede obtener una copia de las preguntas oficiales de la competencia de zona/área y distrito.

El director regional de Esgrima Infantil es la única persona en la región que puede obtener una copia de las preguntas oficiales de la competencia regional. Si no hay un director regional de Esgrima Infantil, un director distrital de Esgrima Infantil, cuyo distrito esté participando, puede obtener una copia de las preguntas oficiales de la competencia regional.

Cada año se enviarán por correo electrónico los formularios para solicitar las preguntas oficiales anuales. Contacte la Oficina General de Esgrima Infantil en *ChildQuiz@nazarene.org* para actualizar su dirección electrónica. A quienes las soliciten, las preguntas oficiales les llegarán por correo electrónico.

MÉTODOS DE COMPETENCIA

Hay dos métodos de competencia.

Método Individual

En el método individual de competencia, los niños compiten como individuos. El puntaje de cada niño está separado de todos los demás puntajes. Los niños de una misma iglesia pueden sentarse juntos, pero los puntajes individuales no se suman para obtener un puntaje como iglesia o equipo. No hay preguntas adicionales para los esgrimistas individuales.

El método individual es el único que se puede usar para la competencia de Nivel Básico.

Método Combinado

El método combinado une la competencia de esgrima individual y la de equipo. En este método, las iglesias pueden enviar esgrimistas individuales, equipos o una combinación a la competencia.

El director distrital de Esgrima Infantil determina el número de niños que se necesitan para formar un equipo. Todos los equipos deben tener el mismo número de esgrimistas. El número de niños que se recomienda para un equipo es cuatro o cinco.

Los niños de iglesias que no tienen suficientes esgrimistas para formar un equipo, pueden competir como esgrimistas individuales.

En el método combinado, los equipos califican para preguntas adicionales. Los puntos adicionales, otorgados por una respuesta correcta a una pregunta adicional, llegan a ser parte del puntaje total del equipo en vez de contarse como puntaje individual de un esgrimista. Hay preguntas adicionales con las preguntas oficiales para las competencias de zona/área, distrital y regional. Generalmente las preguntas adicionales consisten en decir un versículo de memoria.

El director distrital de Esgrima Infantil selecciona ya sea el método individual o el método combinado para la competencia de Nivel Avanzado.

EMPATES

Cuando esgrimistas individuales o equipos obtienen el mismo puntaje final, nunca se hace el desempate. Todos los esgrimistas individuales o equipos que empaten reciben el mismo reconocimiento, el mismo premio, y avanzan igualmente al siguiente nivel de competencia.

PREGUNTAS ADICIONALES

Las preguntas adicionales son parte del Nivel Avanzado, pero solamente con equipos, no individuos. Los equipos deben calificar para una pregunta adicional. Las preguntas adicionales se hacen después de las preguntas 5, 10, 15 y 20.

A fin de calificar para una pregunta adicional, un equipo sólo puede tener tantas respuestas incorrectas como el número de miembros que hay en el equipo. Por ejemplo, un equipo de cuatro miembros puede tener cuatro o menos respuestas incorrectas. Un equipo de cinco miembros puede tener cinco o menos respuestas incorrectas.

Los puntos adicionales por una respuesta correcta llegan a ser parte del puntaje total del equipo, no del puntaje individual del niño.

El director distrital de Esgrima Infantil determina la manera en que los niños responden las preguntas adicionales. En la mayoría de los casos, el niño da la respuesta oralmente al anotador del puntaje.

Antes que se lea la pregunta adicional, el director local de Esgrima Infantil escoge a un miembro del equipo para que responda la pregunta adicional. El mismo niño puede responder todas las preguntas adicionales en una competencia, o un niño diferente puede responder cada pregunta adicional.

RECESOS [TIEMPO MUERTO]

El director distrital de Esgrima Infantil determina el número de recesos para cada iglesia. Cada iglesia recibe el mismo número de recesos, sin importar el número de esgrimistas individuales o equipos que tenga esa iglesia. Por ejemplo, si el director distrital decide dar un receso, cada iglesia recibe un receso.

El director distrital de Esgrima Infantil determina si habrá un receso automático durante la competencia, y el momento específico en que se dará el receso en cada competencia.

El director local de Esgrima Infantil es la única persona que puede pedir un receso para el equipo de una iglesia local.

El director distrital de Esgrima Infantil o el moderador puede pedir un receso en cualquier momento.

El director distrital de Esgrima Infantil, antes que empiece la competencia, determina la duración de los recesos para la competencia. Todos los recesos deben tener la misma duración.

PUNTAJE

Hay dos métodos para ganar puntos. El director distrital de Esgrima Infantil selecciona el método.

Cinco Puntos

- Dar cinco puntos por cada respuesta correcta. Por ejemplo, si un niño responde correctamente 20 preguntas en una vuelta de Nivel Avanzado, el niño gana un total de 100 puntos.
- Dar cinco puntos por cada respuesta adicional correcta en una vuelta de Nivel Avanzado de Esgrima en equipo. Por ejemplo, si cada miembro de un equipo de cuatro personas responde correctamente 20 preguntas en una vuelta de Nivel Avanzado, y el equipo responde correctamente cuatro preguntas adicionales, el equipo gana un total de 420 puntos.

En el Nivel Básico se ganan menos puntos porque sólo hay 15 preguntas en cada vuelta, y solamente es una competencia individual.

Un Punto

Dar un punto por cada respuesta correcta de la siguiente manera:

- Dar un punto por cada respuesta correcta. Por ejemplo, si un niño responde correctamente 20 preguntas en una vuelta de Nivel Avanzado, el niño gana un total de 20 puntos.
- Dar un punto por cada respuesta adicional correcta en una vuelta de Nivel Avanzado de Esgrima en equipo. Por ejemplo, si cada miembro de un equipo con cuatro personas responde correctamente 20 preguntas en una vuelta de Nivel Avanzado, y el equipo responde correctamente cuatro preguntas adicionales, el equipo gana un total de 84 puntos.

En el Nivel Básico se ganan menos puntos porque sólo hay 15 preguntas en cada vuelta, y solamente es una competencia individual.

CUESTIONAMIENTOS

Los cuestionamientos deben ser una excepción y no son comunes durante una competencia.

Presente un cuestionamiento sólo cuando la respuesta marcada como correcta en las preguntas es realmente incorrecta de acuerdo con la referencia bíblica dada para esa pregunta. Los cuestionamientos presentados por cualquier otra razón son inválidos.

Un esgrimista, un director de Esgrima Infantil, o cualquier otro participante en la competencia no puede presentar un cuestionamiento porque le desagrade la redacción de una pregunta o respuesta, o porque piense que una pregunta es demasiado difícil o confusa.

El director local de Esgrima Infantil es la única persona que puede presentar el cuestionamiento de una pregunta de la competencia.

Si una persona, que no sea el director local de Esgrima Infantil, intenta presentar un cuestionamiento, éste automáticamente se considera como "inválido".

Las personas que presentan cuestionamientos inválidos interrumpen la competencia y causan que los niños pierdan la concentración. Las personas que continuamente presenten cuestionamientos inválidos, o creen problemas discutiendo acerca de la decisión respecto a un cuestionamiento, perderán su privilegio de cuestionar preguntas por el resto de la competencia.

El director distrital de Esgrima Infantil, o el moderador en caso de ausencia del director distrital de Esgrima Infantil, tiene la autoridad para quitar el privilegio de cuestionar preguntas a alguna persona o a todas las personas que abusen de ese privilegio.

El director distrital de Esgrima Infantil determina cómo cuestionar una pregunta de la competencia antes del inicio de la competencia.

- ¿Será el cuestionamiento escrito o verbal?
- ¿Cuándo puede una persona cuestionar (durante una competencia o al final de ésta)?

En el inicio del año de esgrima, el director distrital de Esgrima Infantil debe explicar a los directores locales de Esgrima Infantil el procedimiento para presentar cuestionamientos.

El moderador y el director distrital de Esgrima Infantil seguirán los siguientes pasos para decidir respecto al cuestionamiento:

- Determinen si el cuestionamiento es válido o inválido. Para hacerlo, escuchen la razón del cuestionamiento. Si la razón es válida, es decir, la respuesta dada como la respuesta correcta es incorrecta de acuerdo con la referencia bíblica, sigan los procedimientos para cuestionamientos que el distrito ha formulado.
- Si la razón del cuestionamiento es inválida, anuncien que el cuestionamiento es inválido y la competencia continúa.

Si más de una persona cuestiona la misma pregunta, el moderador o el director distrital de Esgrima Infantil selecciona a un director local de Esgrima para que explique la razón del cuestionamiento. Después que una pregunta tiene un cuestionamiento, otra persona no puede cuestionar la misma pregunta.

Si un cuestionamiento es válido, el director distrital de Esgrima Infantil, o el moderador en caso de que esté ausente el director, determina cómo proceder con la pregunta cuestionada. Elija una de las siguientes opciones:

Opción A: Eliminar la pregunta y no remplazarla. El resultado es que una competencia de 20 preguntas será sólo de 19 preguntas.

Opción B: Dar a cada niño los puntos que él o ella recibiría por una respuesta correcta a la pregunta cuestionada.

Opción C: Remplazar la pregunta cuestionada. Hacer una pregunta nueva a los esgrimistas.

Opción D: Dejar que los niños que dieron la respuesta que aparecía como la respuesta correcta en las preguntas oficiales conserven sus puntos. Dar otra pregunta a los niños que dieron una respuesta incorrecta.

NIVELES DE PREMIOS

El Esgrima Infantil tiene la filosofía de que todo niño tiene una oportunidad de responder a todas las preguntas, y que todo niño recibe reconocimiento por todas las respuestas correctas que da. Por tanto, el Esgrima Infantil usa la competencia de opciones múltiples, y los empates nunca se deshacen.

Los niños y las iglesias no compiten entre sí. Compiten para alcanzar un nivel de premiación. Todos los niños y todas las iglesias que alcanzan el mismo nivel de premiación, reciben el mismo premio. Los empates quedan como puntajes empatados.

Niveles de Premios que se Recomiendan:
- Premio de Bronce=
    70-79% de respuestas correctas
- Premio de Plata=
    80-89% de respuestas correctas
- Premio de Oro=
    90-99% de respuestas correctas
- Premio Estelar de Oro=
    100% de respuestas correctas

Hagan todas las decisiones sobre puntajes y cuestionamientos antes de entregar los premios. El moderador y los anotadores de puntaje deben estar seguros de que todos los puntajes finales son correctos antes de la entrega de premios.

Nunca le quiten el premio a un niño después que éste lo haya recibido. Si hay un error, los niños pueden recibir un premio superior, pero no un premio inferior. Esto se aplica a los premios individuales y a los premios de equipos.

ÉTICA EN LA COMPETENCIA

El director distrital de Esgrima Infantil es la persona en el distrito que tiene la responsabilidad de realizar las competencias de acuerdo con las *Reglas y Procedimientos Oficiales del Esgrima Infantil.*

Escuchar las Preguntas Antes de la Competencia. Puesto que las competencias usan las mismas preguntas, no es apropiado que los niños y trabajadores asistan a otra competencia de zona/área, distrital o regional antes de participar en su propia competencia del mismo nivel. Si un trabajador adulto de Esgrima asiste a otra competencia, el director distrital de Esgrima Infantil puede hacer la decisión de descalificar a la iglesia de participar en su competencia. Si un padre y/o niño asiste a otra competencia, el director distrital de Esgrima Infantil puede hacer la decisión de descalificar a la iglesia de participar en su competencia.

Conducta y Actitudes del Trabajador. Los adultos deben comportarse en una manera profesional y cristiana. Los diálogos respecto a desacuerdos con el director distrital de Esgrima Infantil, el moderador o los anotadores de puntaje deben realizarse en privado. Los trabajadores adultos de Esgrima no deben compartir con los niños información acerca del desacuerdo. Una actitud de cooperación y buen espíritu deportivo son importantes. Las decisiones y los fallos del director distrital de Esgrima Infantil son finales. Comunique estas decisiones en un tono positivo a los niños y adultos.

TRAMPA

Hacer trampa es algo serio. Trátelo seriamente.

El director distrital de Esgrima Infantil, en diálogo con el Concilio de Ministerios de Niños del distrito, determina el procedimiento a seguir en caso de que un niño o un adulto haga trampa durante una competencia.

Asegúrese de que todos los directores locales de ministerios de niños, los pastores de niños y los directores locales de Esgrima Infantil reciban las reglas y procedimientos del distrito.

Antes de acusar a un adulto o a un niño de haber hecho trampa, tenga pruebas o un testigo de que hubo trampa.

Asegúrese de que la competencia de esgrima continúe y que la persona acusada de hacer trampa no sea avergonzada delante de otros. El siguiente es un modelo de procedimiento.

- Si sospecha que un niño hizo trampa, pida a alguien que actúe como juez para observar las áreas, pero no señale a algún niño de quien se sospeche. Después de algunas preguntas, pida la opinión del juez. Si el juez no vio ninguna trampa, continúe con la competencia.
- Si el juez vio a un niño haciendo trampa, pídale al juez que lo confirme. No tome ninguna acción hasta que todos estén seguros.
- Explique el problema al director local de Esgrima Infantil, y pida al director que hable en privado con la persona acusada.

- El moderador, el juez y el director local de Esgrima Infantil deben observar si se continúa haciendo trampa.
- Si continúa haciendo trampa, el moderador y el director local de Esgrima Infantil deben hablar en privado con la persona acusada.
- Si continúa haciendo trampa, el moderador debe comunicar al director local de Esgrima Infantil que eliminará el puntaje del niño de la competencia oficial.
- En el caso de que un anotador de puntaje haya hecho trampa, el director distrital de Esgrima Infantil le pedirá al anotador que se retire, y otro anotador de puntaje ocupará su lugar.
- En el caso de que alguien de la audiencia haga trampa, el director distrital de Esgrima Infantil se hará cargo de la situación en la manera más apropiada.

DECISIONES NO RESUELTAS

Consulte con la Oficina General de Esgrima Infantil respecto a decisiones que no se hayan resuelto.

Versículo para Memorizar

"Y dará a luz un hijo, y llamarás su nombre JESÚS, porque él salvará a su pueblo de sus pecados" (Mateo 1:21).

Verdad Bíblica

Jesús es Dios el Hijo, el Salvador que Dios nos prometió.

Propósito

En esta lección, los niños aprenderán que Dios cumple sus promesas.

Sugerencias para la Enseñanza

Al dirigir el estudio bíblico, recuérdeles a los niños que Jesús es el Hijo de Dios. Él es completamente Dios y completamente humano. En esta lección explique que una virgen es una mujer que no se ha casado.

Lección 1

Mateo 1:18—2:23

COMENTARIO BÍBLICO

En el Antiguo Testamento, muchas veces Dios pidió a su pueblo que recordaran lo que Él les había enseñado y lo que había hecho por ellos. Dios quería que lo que habían aprendido, basado en la historia de la interacción con Él, guiara sus vidas. El pueblo aprendió que Dios es consistente, tanto en sus acciones como en su carácter.

Si un profeta declaraba que Dios lo había enviado, pero su mensaje no concordaba con lo que aprendieron acerca de Dios, entonces ese profeta era falso. Por tanto, para Mateo era muy importante decirle a la comunidad judeocristiana que Jesús había cumplido las profecías del Antiguo Testamento. Jesús era el Mesías prometido, y su misión, la continuación del plan de Dios.

¿Qué significa que Jesús cumplió esas profecías? La analogía entre la vida de Jesús y los eventos previos en la historia de salvación (como el Éxodo) era una prueba notable de que Dios había participado personalmente.

CARACTERÍSTICAS DE DIOS

- Dios envió a su Hijo, Jesús, para salvarnos de nuestros pecados.
- Dios cumple sus promesas.

PERSONAS

El **Espíritu Santo** es el Espíritu de Dios.
Jesús es el único Hijo de Dios y es el Salvador del mundo. **Jesús** es completamente Dios y completamente humano.

Los **magos** eran hombres sabios del oriente que fueron a visitar a Jesús.

El **rey Herodes** era el rey de Judea en el tiempo del nacimiento de Jesús.

Un **profeta** es alguien a quien Dios escoge para que reciba mensajes especiales de Él y los comunique a otros.

LUGARES

Belén es la ciudad donde nació Jesús.

Jerusalén es la ciudad principal a donde los judíos iban a adorar a Dios.

Nazaret es la ciudad de Galilea donde vivió Jesús.

OBJETOS

Incienso es una sustancia aromática que la gente quemaba como ofrenda a Dios.

Mirra es un líquido que la gente usaba en aceites y perfumes, y para preparar los cuerpos antes de sepultarlos.

ACTIVIDAD

Antes de la clase, señale límites claros en el área (interior o exterior) donde se reunirán.

Escoja a tres niños que serán los "magos". Explique que en el tiempo cuando nació Jesús, los magos eran hombres sabios del oriente. En este juego, los "magos" cerrarán o se cubrirán los ojos, y contarán hasta 50. Mientras los "magos" cuentan, los otros participantes deben encontrar lugares donde esconderse. Luego los "magos" los buscarán. Los últimos tres niños que los "magos" encuentren, serán los nuevos "magos". Si hay tiempo, repita el juego hasta que todos los niños tengan la oportunidad de ser uno de los "magos".

Diga: **Hoy aprenderemos acerca de unos magos que buscaron un regalo especial.**

LECCIÓN BÍBLICA

Antes de relatarla a los niños, estudie la siguiente historia adaptada de Mateo 1:18—2:23.

María y José anunciaron públicamente que se casarían. Pero, antes de su matrimonio, María se dio cuenta de que "había concebido del Espíritu Santo".

José quiso dejarla en secreto. Sin embargo, un ángel se le apareció a José en un sueño. El ángel le dijo: "José, hijo de David, no temas recibir a María tu mujer. Ella dará a luz un hijo, y llamarás su nombre Jesús, porque él salvará a su pueblo de sus pecados".

Así se cumplió lo que el Señor había dicho por medio del profeta: "La virgen concebirá, y dará a luz un hijo, y llamará su nombre Emanuel", que significa "Dios con nosotros".

Entonces José se despertó e hizo lo que el ángel le había dicho. Cuando María dio a luz al niño, José le puso el nombre Jesús al bebé.

Después del nacimiento de Jesús en Belén de Judea, unos magos fueron del oriente a Jerusalén para adorar al recién nacido Rey de los judíos. Los magos le preguntaron al rey: "¿Dónde está el rey de los judíos, que ha nacido? Porque su estrella hemos visto en el oriente, y venimos a adorarle".

Al oír esto, el rey Herodes se preocupó. Los principales sacerdotes y escribas le dijeron que el bebé nacería en Belén. En-

tonces el rey Herodes pidió a los magos que cuando encontraran al bebé Cristo, volvieran para decirle dónde lo habían hallado.

Los magos siguieron la estrella hasta que ésta se detuvo sobre el lugar donde vivía el niño. Cuando los magos lo vieron, se postraron y le adoraron. Después le entregaron a Jesús sus regalos de oro, incienso y mirra. Sin embargo, Dios les advirtió en un sueño que no volvieran para hablar con Herodes. Así que regresaron a su tierra por otro camino.

Después que se fueron los magos, un ángel del Señor se le apareció a José en un sueño. El ángel le dijo a José que tomara al niño y a su madre, y que huyeran a Egipto. José hizo lo que dijo el ángel. Se quedaron en Egipto hasta que el rey Herodes murió.

Cuando el rey Herodes supo lo que habían hecho los magos, se enojó mucho. Entonces ordenó que en Belén, y en todos sus alrededores, mataran a todos los niños menores de dos años.

Después que murió el rey Herodes, un ángel se le apareció a José otra vez y le dijo que llevara al niño y a su madre a la tierra de Israel. Y José lo hizo. Luego Dios le dio otra advertencia a José en un sueño. Así que José y su familia se fueron a la región de Galilea, a la ciudad de Nazaret. Así se cumplieron las palabras del profeta de que Jesús sería nazareno.

Pida a los alumnos que respondan las siguientes preguntas. No hay respuestas correctas o erradas. Estas preguntas ayudarán a los niños a entender la historia y aplicarla a sus vidas.

1. ¿Alguna vez alguien les prometió algo? ¿Cumplió su promesa esa persona? ¿Qué opinan de la persona que no cumple una promesa?
2. Jesús es completamente Dios y completamente humano. ¿Por qué es verdadera esta declaración? ¿Cómo afecta esto nuestras vidas?
3. ¿Creen que José necesitó valor y fe para seguir las instrucciones de los ángeles? ¿Por qué sí o por qué no?
4. ¿Por qué el rey Herodes quería que Jesús muriera?
5. ¿En qué forma se relaciona con esta historia el versículo para memorizar, Mateo 1:21? ¿De qué manera este versículo les da esperanza?

Diga: **Piensen en una promesa que alguien les hizo. ¿Esperaron mucho tiempo para recibir lo que les prometió? Dios prometió enviarle a su pueblo un Mesías, un Salvador. Ellos esperaron mucho tiempo para que llegara ese Mesías.**

Israel esperaba que su Mesías viniera como un rey que los salvaría de sus enemigos. Más bien, Dios les envió al Mesías prometido como un bebé —un bebé que era Dios y también era hombre. Jesús es Dios, el Hijo.

VERSÍCULO PARA MEMORIZAR

Enseñe el versículo para memorizar de esta lección. Encontrará sugerencias de Actividades para Enseñar el Versículo para Memorizar en las páginas 140-141.

ACTIVIDADES ADICIONALES

Elija una de las siguientes opciones para que los niños mejoren su estudio de la Biblia.

1. Diga: **Pretendan que ustedes son uno de los magos. ¿Obedecerían al rey Herodes o a Dios?** Haga una gráfica para comparar las ventajas y desventajas de cada decisión.
2. Anime a los niños a imaginar el viaje a Egipto con María y José. Jesús era muy pequeño, y la familia tuvo que hacer un largo viaje para proteger a Jesús. Use un mapa y la escala del mapa para calcular la distancia que viajaron María y José. Reúna dibujos y objetos para ilustrar lo que ellos necesitaron en su viaje.

PREGUNTAS PARA LA COMPETENCIA – NIVEL BÁSICO

A fin de preparar a los niños para la competencia, léales Mateo 1:18—2:23.

1 ¿Quién estaba desposada con José? (1:18)
1. Elisabet
2. **María**
3. Raquel

2 ¿Qué le dijo un ángel a José cuando éste pensaba dejar a María? (1:19-20)
1. **Que no temiera recibirla**
2. Que la dejara secretamente
3. Que se casara con ella en secreto

3 ¿Por qué José debía llamar el nombre del bebé Jesús? (1:21)
1. Era un buen nombre en su familia.
2. **Jesús salvaría a su pueblo de sus pecados.**
3. Toda la gente importante se llamaba Jesús.

4 Después que Jesús nació, ¿quiénes vinieron del oriente a Jerusalén? (2:1)
1. **Los magos**
2. El rey Herodes
3. Algunos primos de Jesús

5 ¿Por qué habían venido los magos del oriente? (2:2)
1. Para adorar al rey Herodes
2. Para adorar a María y José
3. **Para adorar al rey de los judíos que había nacido**

6 ¿Qué hicieron los magos cuando vieron a Jesús? (2:11)
1. Se postraron y lo adoraron.
2. Le dieron regalos.
3. **Ambas respuestas son correctas.**

7 ¿Quién buscaba al niño (Jesús) para matarlo? (2:13)
1. El faraón de Egipto
2. **El rey Herodes**
3. El rey de Persia

8 ¿Hasta cuándo estuvieron María, José y Jesús en Egipto? (2:15)
1. Hasta que Jesús cumplió 12 años
2. Hasta que José murió
3. **Hasta la muerte del rey Herodes**

9 Después que murió el rey Herodes, ¿qué le dijo un ángel a José? (2:19-20)
1. **"Toma al niño y a su madre a Israel".**
2. "Toma al niño y a su madre a Belén".
3. "Toma al niño y a su madre al templo".

10 Según los profetas, ¿cómo llamaría la gente a Jesús? (2:23)
1. Hacedor de milagros
2. **Nazareno**
3. El hombre más grandioso que haya vivido

PREGUNTAS PARA LA COMPETENCIA – NIVEL AVANZADO

A fin de preparar a los niños para la competencia, léales Mateo 1:18—2:23.

1 ¿Qué sucedió antes que María y José se juntasen? (1:18)
1. María decidió no casarse con José.
2. José se casó en secreto con otra joven.
3. Los padres de María rompieron el compromiso.
4. **María había concebido del Espíritu Santo.**

2 ¿Qué clase de hombre era José? (1:19)
1. Arrogante
2. Pecador
3. Un comerciante importante en Nazaret
4. **Justo**

3 ¿Cómo llamó José el nombre del bebé? (1:25)
1. **Jesús**
2. José
3. Juan
4. Moisés

4 Cuando el rey Herodes oyó lo que dijeron los magos, ¿qué hizo él? (2:4, 7)
1. Convocó a los principales sacerdotes y escribas.
2. Preguntó a los sacerdotes y escribas dónde nacería el Cristo.
3. Llamó en secreto a los magos y les preguntó cuándo había aparecido la estrella.
4. **Todas las respuestas son correctas.**

5 ¿Por qué los magos regresaron a su tierra por otro camino, en vez de volver al rey Herodes? (2:12)
1. Querían llegar más rápido a su tierra.
2. **Se les advirtió en un sueño que no volvieran a Herodes.**
3. Querían conocer otros lugares del mundo.
4. Se les olvidó volver a Herodes.

6 Después que se fueron los magos, ¿qué le dijo un ángel del Señor a José? (2:13)
1. Toma al niño y a su madre a Egipto.
2. Permanece en Egipto hasta que Dios te diga.
3. El rey Herodes buscará a Jesús para matarlo.
4. **Todas las respuestas son correctas.**

7 Cuando el rey Herodes supo que los magos lo habían burlado, ¿qué hizo él? (2:16)

1. Él mismo fue a Belén.
2. Envió soldados para que capturaran a los magos.
3. **Mandó matar a todos los niños menores de dos años en Belén y sus alrededores.**
4. Fue a Egipto para buscar a Jesús.

8 ¿Qué pasó después que murió Herodes? (2:19-20)

1. **Un ángel le dijo a José que volviera a Israel con María y Jesús.**
2. Un rey de Egipto trató de encontrar y matar a Jesús.
3. María y José decidieron quedarse en Egipto para siempre.
4. Algunos profetas fueron a visitar a Jesús en Egipto.

9 ¿Cuando María, José y Jesús fueron a Nazaret, ¿de qué manera cumplieron una profecía? (2:23)

1. Todos los profetas verdaderos eran de Nazaret.
2. **A Jesús lo llamarían nazareno.**
3. Jesús tendría una niñez feliz en Nazaret.
4. Todas las respuestas son correctas.

10 Terminen este versículo: "Y dará a luz un hijo, y llamarás su nombre JESÚS, porque..." (Mateo 1:21)

1. **"... él salvará a su pueblo de sus pecados".**
2. "... yo lo ordeno".
3. "... los profetas dijeron que le dieran ese nombre".
4. "... es un buen nombre".

Versículo para Memorizar

"Él respondió y dijo: Escrito está: No sólo de pan vivirá el hombre, sino de toda palabra que sale de la boca de Dios" (Mateo 4:4).

Verdad Bíblica

Jesús usó la Palabra de Dios para vencer la tentación.

Propósito

En esta lección, los niños aprenderán acerca de Juan el Bautista. Él enseñó a la gente a arrepentirse y prepararse para la llegada del Mesías. Juan bautizó a Jesús. Después de este evento, Satanás tentó a Jesús en el desierto. Mientras Jesús caminaba junto al mar de Galilea, llamó a sus primeros discípulos.

Sugerencia para la Enseñanza

Al dirigir el estudio bíblico, enfoque la enseñanza en lo que significa ser discípulo de Jesús.

Lección 2

Mateo 3:1—4:12, 17-25

COMENTARIO BÍBLICO

La Palabra de Dios desempeña un papel en la forma en que se comporta la gente, sean ellos justos o malvados. En esta lección aprenderemos cómo eso es posible.

Juan el Bautista cumplió la profecía de Isaías acerca del heraldo de Dios. El escrito de Mateo muestra que Dios, quien hizo su obra en el Antiguo Testamento, también estaba obrando en el tiempo del Nuevo Testamento.

Los fariseos y saduceos eran expertos eruditos de la ley, pero Juan los reprendió. Ellos interpretaban mal la Escritura y muchos judíos seguían sus enseñanzas. De modo que los fariseos y saduceos desviaban al pueblo, alejándolo de Dios.

Cuando Jesús estaba en el desierto, Satanás citó la Escritura para tentarlo a pecar. Sin embargo, Jesús respondió a Satanás con otras citas de la Escritura. Las enseñanzas del Antiguo Testamento aún nos ayudan a conocer a Dios y su voluntad para nuestra vida. Al enfrentar tentaciones, podemos resistirlas cuando usamos la guía de la Escritura.

Debemos ir a la Biblia con la actitud correcta. Tenemos que comprender lo que leemos y aplicar el mensaje apropiadamente.

CARACTERÍSTICAS DE DIOS

- Dios nos envía el Espíritu Santo para ayudarnos.
- Dios nos ayuda a resistir la tentación.

PALABRAS RELACIONADAS CON NUESTRA FE

El **Espíritu Santo** es el Espíritu de Dios. El Espíritu Santo nos da poder para vivir para Dios cuando confiamos en Jesús como nuestro Salvador.

PERSONAS

Los **fariseos** eran un grupo religioso judío que seguía estrictamente la ley de Moisés. Ellos agregaron muchas otras reglas y costumbres a la ley.

Los **saduceos** eran líderes judíos de familias sacerdotales que sólo creían en seguir la ley de Moisés. No creían en la resurrección de los muertos ni en los ángeles.

OBJETOS

Bautismo es una ceremonia pública que simboliza el nuevo nacimiento de una persona en Cristo.

Ayunar es privarse por un tiempo de algo, generalmente alimentos. Cuando la persona hace esto, usa el tiempo para orar y enfocarse en Dios.

Arrepentirse es alejarse del pecado y volver a Dios.

Tentación es el deseo de hacer algo que uno sabe que no debería hacer.

ACTIVIDAD

Para esta actividad necesitará lo siguiente:
- Una venda para los ojos
- Sillas u otros objetos que se puedan usar como obstáculos
- Un rollo de cinta adhesiva protectora

Antes de la clase, coloque obstáculos por el salón. Planee la ruta que un niño seguirá alrededor o a través de los obstáculos. Con la cinta adhesiva protectora, marque el camino en el suelo.

Seleccione a un voluntario y pídale que salga del salón. Mientras el voluntario esté afuera, diga a los otros niños: **Hoy aprenderemos cómo la Palabra de Dios nos ayuda a evitar las tentaciones. Yo le daré instrucciones al voluntario que tendrá los ojos vendados. Mientras le dé las instrucciones, ustedes gritarán dándole direcciones incorrectas. Traten de desviarlo del camino correcto.**

Traiga al voluntario de regreso al salón. Haga que se pare en el principio del camino y véndele los ojos. Dígale: **Yo te daré instrucciones para que avances por el camino. ¡Escucha sólo mi voz!**

Comience a dirigir al niño con un tono de voz normal. Él debe seguir sus instrucciones y llegar al final del camino. Si tienen tiempo, repita la actividad con otros voluntarios.

Diga: **Dios nos da instrucciones por medio de la Biblia. Cuando estudiamos la Biblia, aprendemos cómo evitar las tentaciones. Hoy estudiaremos acerca de una ocasión cuando Satanás tentó a Jesús.**

LECCIÓN BÍBLICA

Antes de relatarla a los niños, estudie la siguiente historia adaptada de Mateo 3:1—4:12, 17-25.

Juan el Bautista empezó a predicar en el desierto. Le decía a la gente: "Arrepentíos, porque el reino de los cielos se ha acercado". Juan cumplió la profecía de Isaías de que alguien predicaría en el

desierto y prepararía el camino para Jesús.

Juan usaba ropa hecha con pelo de camello. También usaba un cinto de cuero. Se alimentaba con langostas y miel silvestre. La gente venía desde lejos para ver a Juan. Después de escucharlo, muchos se arrepentían de sus pecados. Juan bautizaba a esas personas.

Cuando Juan vio a los fariseos y saduceos, les dijo: "¡Generación de víboras! ¿Quién les enseñó a huir de la ira venidera? Muestren que se arrepienten de sus pecados. Ustedes son descendientes de Abraham, pero ese linaje no los salvará. Dios puede levantar hijos a Abraham incluso de estas piedras. Todo árbol que no da buen fruto es cortado y echado en el fuego".

Juan dijo: "Yo bautizo a la gente con agua. Sin embargo, alguien vendrá después de mí. Él los bautizará con el Espíritu Santo".

Después Jesús vino a Juan y quiso que Juan lo bautizara. Juan le dijo: "Tú deberías bautizarme. ¿Por qué vienes a mí?"

Jesús dijo: "Esto es lo que debo hacer".

Cuando Juan bautizó a Jesús, el Espíritu de Dios descendió del cielo como paloma. La paloma vino sobre Jesús. Y una voz del cielo dijo: "Este es mi Hijo amado, en quien tengo complacencia".

Después de ser bautizado por Juan, Jesús se fue al desierto. Allí ayunó cuarenta días y cuarenta noches, y tuvo hambre. Entonces Satanás vino a Jesús y le dijo: "Si eres Hijo de Dios, di que estas piedras se conviertan en pan".

Jesús le respondió: "Escrito está: No sólo de pan vivirá el hombre, sino de toda palabra que sale de la boca de Dios".

Satanás llevó a Jesús a Jerusalén, y lo puso sobre el pináculo del templo. Satanás dijo: "Si eres Hijo de Dios, salta del templo. Está escrito que Dios mandará a sus ángeles para protegerte".

Jesús dijo: "Escrito está también: No tentarás al Señor tu Dios".

Después Satanás llevó a Jesús a un monte muy alto y le mostró todos los reinos del mundo. Satanás dijo: "Póstrate y adórame, y te daré todos los reinos del mundo".

Jesús le dijo: "Vete, Satanás, porque escrito está: Al Señor tu Dios adorarás, y a él sólo servirás". Entonces el diablo se fue, y unos ángeles vinieron y sirvieron a Jesús.

Después de un tiempo, Jesús oyó que Juan estaba preso, así que regresó a Galilea. Mientras caminaba, vio a dos hermanos: Simón, llamado Pedro, y Andrés. Ellos usaban redes para pescar. Jesús les dijo: "Vengan y síganme. Ahora serán pescadores de hombres en vez de peces". Así que dejaron sus redes y siguieron a Jesús.

Jesús vio a otros dos hermanos. Se llamaban Jacobo y Juan. Estos hombres eran los hijos de Zebedeo. Ellos también eran pescadores. Jesús los llamó y ellos dejaron la barca para seguirlo.

Jesús fue por toda Galilea. Enseñaba en las sinagogas y predicaba a la gente. También sanaba enfermos. Las noticias acerca de Jesús llegaron a Siria, y la gente de ese país traía a sus enfermos a Jesús. También traían a personas endemoniadas y a paralíticos. Jesús los sanó a todos. Grandes multitudes se reunían alrededor de Jesús dondequiera que iba.

Pida a los alumnos que respondan las siguientes preguntas. No hay respuestas correctas o erradas. Estas preguntas ayudarán a los niños a entender la historia y aplicarla a sus vidas.

1. **¿Cómo piensan que se sintió Juan el Bautista cuando bautizó a Jesús?**
2. **¿Por qué fue tentado Jesús? ¿Cuáles son algunas de las tentaciones que ustedes han experimentado en su vida?**
3. **En su opinión, ¿por qué Jesús escogió a Simón Pedro, Andrés, Jacobo y Juan para que fueran sus discípulos?**

Diga: **Fue difícil para Jesús estar en el desierto. Hacía mucho calor. Jesús ayunó cuarenta días y cuarenta noches; por eso tuvo mucha hambre.**

Satanás tentó a Jesús en tres maneras diferentes. Sin embargo, Jesús resistió las tentaciones de Satanás. Jesús nos demostró cómo usar la Escritura para defendernos de la tentación. Nosotros también podemos usar la Escritura cuando nos tiente Satanás.

VERSÍCULO PARA MEMORIZAR

Enseñe el versículo para memorizar de esta lección. Encontrará sugerencias de Actividades para Enseñar el Versículo para Memorizar en las páginas 140-141.

ACTIVIDADES ADICIONALES

Elija una de las siguientes opciones para que los niños mejoren su estudio de la Biblia.

1. Lea Mateo 3:13-17. Usando crayolas, marcadores o lápices, pida que cada niño haga un dibujo del bautismo de Jesús. Como clase, dialoguen sobre los diferentes eventos que sucedieron cuando Juan bautizó a Jesús.
2. Como clase, escriban una lista de tentaciones que los niños enfrentan. Después lean 1 Corintios 10:13. Escriba este versículo en una pancarta o cartulina grande; póngala donde la clase pueda verla todos los días. Den gracias a Dios por su promesa de que "no os dejará ser tentados más de lo que podéis resistir". Permita que los niños decoren la pancarta o cartulina.

PREGUNTAS PARA LA COMPETENCIA – NIVEL BÁSICO

A fin de preparar a los niños para la competencia, léales Mateo 3:1—4:12, 17-25.

1 ¿Quién predicaba en el desierto de Judea? (3:1)
1. Santiago, el hermano de Jesús
2. José
3. **Juan el Bautista**

2 ¿Cuál era el mensaje de Juan el Bautista? (3:2)
1. **"Arrepentíos, porque el reino de los cielos se ha acercado".**
2. "Arrepentíos, o mañana moriréis".
3. "Jesús es el Salvador. Confíen en él".

3 **¿Qué anunció el profeta Isaías acerca de Juan el Bautista?** (3:3)

1. Juan sería una voz que clama en el desierto.
2. Juan diría: "Preparad el camino del Señor".
3. **Ambas respuestas son correctas.**

4 **¿Quién vino de Galilea para ser bautizado por Juan el Bautista?** (3:13)

1. Los fariseos
2. **Jesús**
3. Todos los familiares de Juan

5 **¿Qué sucedió cuando Juan bautizó a Jesús?** (3:16)

1. Los cielos le fueron abiertos.
2. El Espíritu de Dios descendió como paloma.
3. **Ambas respuestas son correctas.**

6 **¿Cuánto tiempo ayunó Jesús antes que Satanás lo tentara?** (4:2)

1. 30 días y 30 noches
2. **40 días y 40 noches**
3. 40 días y 30 noches

7 **¿Qué dijo Jesús cuando Satanás lo tentó a saltar del templo?** (4:7)

1. **"No tentarás al Señor tu Dios".**
2. "Me da miedo".
3. "Yo no puedo ser tentado".

8 **¿Qué le prometió Satanás a Jesús si se postraba y lo adoraba?** (4:8-9)

1. Todo el reino del rey Herodes
2. El reino de Jerusalén
3. **Todos los reinos del mundo**

9 **¿Qué dijo Jesús cuando llamó a Pedro y Andrés?** (4:19)

1. **"Os haré pescadores de hombres".**
2. "Os haré mis discípulos".
3. "Os haré fuertes".

10 **¿A dónde fue Jesús para enseñar, predicar y sanar toda enfermedad?** (4:23)

1. Todo Jericó
2. Todo Egipto
3. **Toda Galilea**

PREGUNTAS PARA LA COMPETENCIA – NIVEL AVANZADO

A fin de preparar a los niños para la competencia, léales Mateo 3:1—4:12, 17-25.

1 **¿Dónde predicaba Juan el Bautista?** (3:1)

1. En la orilla del río Jerusalén
2. En el templo de Jerusalén
3. **En el desierto de Judea**
4. En Egipto

2 **¿Qué comía Juan el Bautista?** (3:4)

1. Langostas y jabalí
2. Miel silvestre y panales
3. **Langostas y miel silvestre**
4. Langostas y flores silvestres

3. ¿Que le dijo Jesús a Juan antes que Juan lo bautizara? (3:15)

1. "Así conviene que lo hagamos; Dios lo ordenó".
2. "Si no lo haces, nadie lo hará".
3. "De esta manera debe realizarse mi bautismo".
4. **"Así conviene que cumplamos toda justicia".**

4. Después que Juan bautizó a Jesús, ¿qué dijo una voz del cielo? (3:17)

1. **"Este es mi Hijo amado, en quien tengo complacencia".**
2. "Este es mi Hijo, el Salvador".
3. "Este es mi Hijo; trátenlo con justicia".
4. "Este es Jesucristo, Hijo del Dios vivo".

5. ¿Quién llevó a Jesús al desierto? (4:1)

1. Jesús mismo
2. El diablo
3. **El Espíritu**
4. Juan el Bautista

6. ¿Qué le pasó a Jesús después que el diablo le dejó? (4:11)

1. Vinieron ángeles y tentaron a Jesús.
2. **Vinieron ángeles y le servían.**
3. El diablo volvió para tentar a Jesús otra vez.
4. Dios consoló a Jesús.

7. ¿A quiénes vio Jesús cuando caminaba junto al mar de Galilea? (4:18)

1. A Felipe y Natanael
2. A Judas y Jacobo
3. **A Pedro y Andrés**
4. A Bartolomé y Judas

8. ¿Qué hicieron Jacobo y Juan cuando Jesús les pidió que lo siguieran? (4:21-22)

1. **Dejaron la barca y a su padre, y siguieron a Jesús.**
2. Hablaron con Pedro y Andrés, y luego siguieron a Jesús.
3. Pidieron permiso a Zebedeo para seguir a Jesús.
4. Rehusaron seguir a Jesús.

9. Al difundirse la fama de Jesús por toda Siria, ¿a quiénes le llevaba la gente? (4:24)

1. A todos los afligidos por diversas enfermedades
2. A los que tenían dolencias
3. A los endemoniados y paralíticos
4. **Todas las respuestas son correctas.**

10. Terminen este versículo: "Él respondió y dijo: Escrito está: No sólo de pan vivirá el hombre..." (Mateo 4:4)

1. "... sino de todo mandamiento del Señor en el cielo".
2. "... sino de todas las palabras que le he hablado".
3. **"... sino de toda palabra que sale de la boca de Dios".**
4. "... sino de toda la ley y los profetas".

Lección 3

Mateo 5:1-37

Versículo para Memorizar

"Bienaventurados los pobres en espíritu, porque de ellos es el reino de los cielos. Bienaventurados los que lloran, porque ellos recibirán consolación. Bienaventurados los mansos, porque ellos recibirán la tierra por heredad. Bienaventurados los que tienen hambre y sed de justicia, porque ellos serán saciados" (Mateo 5:3-6).

Verdad Bíblica

Jesús nos enseña cómo vivir conforme a los mandamientos de Dios como miembros de su reino.

Propósito

En esta lección, los niños aprenderán que Jesús enseñó nuevas formas de entender y obedecer las leyes de Dios en cuanto al asesinato, el adulterio, el divorcio y los juramentos.

Sugerencia para la Enseñanza

Tal vez sus alumnos tengan preguntas acerca de la sección sobre el divorcio. Ayúdeles a comprender que Jesús vino a transformar el razonamiento legalista en cuanto a todos los aspectos de la ley, incluyendo el divorcio. Jesús demostró que el propósito de la ley es promover el amor y las relaciones.

COMENTARIO BÍBLICO

En el Sermón del Monte, Jesús explicó que había venido a cumplir la ley y los profetas. La ley y los profetas eran como vasijas que estaban medio llenas, y Jesús completó las lecciones que ellos empezaron. Algunas enseñanzas de Jesús parecían contradecir la Escritura del Antiguo Testamento. Sin embargo, concordaban con el Antiguo Testamento. Jesús asombró a muchos de sus oyentes. Ellos recibieron nueva información en cuanto al propósito de Dios para la humanidad, y también tuvieron que corregir muchas enseñanzas falsas de los fariseos y saduceos.

El propósito de la ley era enseñarle a Israel acerca del carácter y los valores de Dios. La ley también les enseñó cómo vivir en santidad. Les ayudó a comprender el valor de la relación con Dios y que necesitaban el perdón. Muchas personas entendieron mal la ley. Creyeron que era suficiente practicar cierta conducta sin cambiar su carácter. Jesús enseñó a la gente a interiorizar la ley. La aplicó a nuestros corazones —nuestro carácter, nuestros deseos, actitudes y forma de pensar— además de nuestra conducta.

CARACTERÍSTICAS DE DIOS

- Jesús nos enseña a vivir como miembros de su reino.
- Jesús nos enseña a obedecer las leyes de Dios por amor a Él.

PALABRAS RELACIONADAS CON NUESTRA FE

El **reino de los cielos** está dondequiera que Dios gobierna. Vemos mejor el reino de los cielos allí donde la gente adora a Dios y le obedece como Señor de sus vidas.

ACTIVIDAD

Para esta actividad necesitará lo siguiente:
- Linternas o lámparas de mano
- Un tazón grande

Apague la luz en el salón. Diga: **¿Pueden ver algo en la oscuridad?** Encienda una linterna, pero colóquela bajo el tazón. Ponga el tazón en el suelo o sobre una mesa, de modo que se vea sólo un poco de luz debajo de él. Diga: **¿Qué pueden ver?** Retire el tazón, y dialogue con los niños acerca de lo que ven con la luz.

Diga: **Cuando obedecemos a Jesús, a través de nuestras acciones la gente puede "ver" cómo es Jesús. Es semejante a la luz. Cuando el salón estaba oscuro, o cuando la linterna estaba debajo del tazón, era difícil ver. Cuando quité el tazón, vimos muchas cosas en el salón. ¡No debemos esconder nuestra luz o sentirnos avergonzados de compartir el amor de Jesús con otros! Jesús quiere que nuestra "luz" brille por Él para que otras personas puedan ver cómo es Él.**

Opción: Entregue una linterna a cada niño y niña. Dígales que la enciendan cuando diga la palabra: **"Luz"**. Si elige esta opción, podría pedir a los niños que traigan una linterna de su casa para esta lección.

LECCIÓN BÍBLICA

Antes de relatarla a los niños, estudie la siguiente historia adaptada de Mateo 5:1-37.

Jesús miró alrededor y vio la multitud. Subió al monte y se sentó. Los discípulos lo siguieron. Allí Jesús empezó a enseñarle a la gente cómo quiere Dios que vivamos.

"Bienaventurados los pobres en espíritu, porque de ellos es el reino de los cielos.

Bienaventurados los que lloran, porque ellos recibirán consolación.

Bienaventurados los mansos, porque ellos recibirán la tierra por heredad.

Bienaventurados los que tienen hambre y sed de justicia, porque ellos serán saciados.

Bienaventurados los misericordiosos, porque ellos alcanzarán misericordia.

Bienaventurados los de limpio corazón, porque ellos verán a Dios.

Bienaventurados los pacificadores, porque ellos serán llamados hijos de Dios.

Bienaventurados los que padecen persecución por causa de la justicia, porque de ellos es el reino de los cielos.

Bienaventurados sois cuando por mi causa os vituperen y os persigan, y digan toda clase de mal contra vosotros, mintiendo.

Gozaos y alegraos, porque vuestro galardón es grande en los cielos".

Jesús enseñó que los creyentes deben vivir de tal manera que la gente vea el amor de Dios por medio de ellos.

Después Jesús dijo: "Vosotros sois la sal de la tierra; pero si la sal se desvaneciere, ¿con qué será salada? No sirve más para nada... Vosotros sois la luz del mundo; una ciudad asentada sobre un monte no se puede esconder. Ni se enciende una luz y se pone debajo de un almud, sino sobre el candelero, y alumbra a todos los que están en casa. Así alumbre vuestra luz delante de los hombres, para que vean vuestras buenas obras, y glorifiquen a vuestro Padre que está en los cielos".

Algunas personas pensaron que Jesús iba a eliminar las leyes y enseñanzas del Antiguo Testamento. Pero Jesús dijo: "No he venido para abrogar la ley o los profetas; he venido para cumplirlos. Cualquiera que cumpla y enseñe estos mandamientos será llamado grande en el reino de los cielos".

Jesús aclaró el significado de las leyes de Dios. "Oísteis que fue dicho a los antiguos: No matarás". "Pero yo os digo que cualquiera que se enoje contra su hermano, será culpable de juicio".

Jesús dijo: "Oísteis que fue dicho: No cometerás adulterio. Pero yo os digo que cualquiera que mira a una mujer para codiciarla, ya adulteró con ella en su corazón".

Jesús dijo: "Habéis oído que fue dicho a los antiguos: No perjurarás, sino cumplirás al Señor tus juramentos. Pero yo os digo: No juréis en ninguna manera; ni por el cielo... ni por la tierra... ni por Jerusalén... Ni por tu cabeza jurarás... Pero sea vuestro hablar: Sí, sí; no, no".

Pida a los alumnos que respondan las siguientes preguntas. No hay respuestas correctas o erradas. Estas preguntas ayudarán a los niños a entender la historia y aplicarla a sus vidas.

1. **Jesús hablaba a sus discípulos y probablemente a muchos otros. ¿Cómo piensan que se sentía la gente acerca de las nuevas ideas que enseñaba Jesús?**
2. **¿En qué se diferenciaban las enseñanzas de Jesús de las enseñanzas del Antiguo Testamento?**

Diga: **Dios nos da mandatos y quiere que los obedezcamos. Algunas personas obedecen, pero lo hacen quejándose. En su Sermón del Monte, Jesús enseñó que debemos obedecer los mandamientos de Dios porque lo amamos a Él. Jesús nos enseñó a obedecer con nuestra conducta externa, y también con nuestro corazón y actitud. Dios ve lo que hay dentro del corazón de la gente. Decidan obedecer a Dios con una buena disposición y una actitud positiva. Esto es lo que significa ser miembro del reino de Dios.**

VERSÍCULO PARA MEMORIZAR

Enseñe el versículo para memorizar de esta lección. Encontrará sugerencias de Actividades para Enseñar el Versículo para Memorizar en las páginas 140-141.

ACTIVIDADES ADICIONALES

Elija una de las siguientes opciones para que los niños mejoren su estudio de la Biblia.

1. Escriban la palabra *Bienaventurados* en una hoja de papel o cartulina. Piensen en estas preguntas: ¿Quiénes son bienaventurados? ¿Por qué son bienaventurados? ¿Qué significa esta palabra? Hagan estas preguntas a los miembros de su familia y amigos. Escriban las respuestas en el papel o cartulina.

2. Estudien las leyes del Antiguo Testamento relacionadas con lo que Jesús enseñó en el Sermón del Monte. ¿En qué formas los israelitas practicaban estas leyes en el Antiguo Testamento? En una cartulina, hagan dos columnas. En una columna, escriban la información que encuentren acerca del Antiguo Testamento. En la otra, escriban las nuevas ideas que Jesús enseñó en cuanto a cada ley.

PREGUNTAS PARA LA COMPETENCIA – NIVEL BÁSICO

A fin de preparar a los niños para la competencia, léales Mateo 5:1-37.

1 Cuando Jesús vio la multitud, ¿qué hizo? (5:1)
1. **Subió al monte y se sentó.**
2. Se fue a la ciudad más cercana.
3. Ambas respuestas son correctas.

2 ¿Qué empezó a hacer Jesús en el monte? (5:2)
1. Cantar
2. **Enseñar**
3. Orar

3 ¿Por qué son bienaventurados los pobres en espíritu? (5:3)
1. **"De ellos es el reino de los cielos".**
2. "Ellos alcanzarán misericordia".
3. "Ellos recibirán la tierra por heredad".

4 Según Jesús, ¿quiénes recibirán la tierra por heredad? (5:5)
1. Los pobres en espíritu
2. **Los mansos**
3. Los misericordiosos

5 Según Jesús, ¿cómo serán llamados los pacificadores? (5:9)
1. Gente pacífica
2. Hijos del cielo
3. **Hijos de Dios**

6 Según Jesús, ¿por qué deben gozarse y alegrarse los que son perseguidos? (5:11-12)
1. Su galardón es grande en los cielos.
2. Así persiguieron antes a los profetas.
3. **Ambas respuestas son correctas.**

7 ¿Qué pasa cuando una persona deja que su luz alumbre delante de la gente? (5:16)
1. Los cuartos están más alumbrados.
2. **La gente glorifica al Padre que está en los cielos.**
3. La ciudad queda en tinieblas.

8 Según Jesús, ¿qué vino a cumplir Él? (5:17)
1. Los diez mandamientos
2. **La ley y los profetas**
3. Las bienaventuranzas

9 ¿Qué dijo Jesús acerca de los juramentos? (5:34)

1. "No cumplan los juramentos que hagan".
2. "No juréis en ninguna manera".
3. "Tengan cuidado con los juramentos que hagan".

10 ¿Qué es lo que Jesús dijo a la gente que hiciera en vez de jurar? (5:37)

1. "Sea vuestro hablar: Sí, sí; no, no".
2. "Jamás hagan una promesa a nadie".
3. "Dense la mano en señal de que cumplirán su palabra".

PREGUNTAS PARA LA COMPETENCIA – NIVEL AVANZADO

A fin de preparar a los niños para la competencia, léales Mateo 5:1-37.

1 Según Jesús, ¿quiénes recibirán consolación? (5:4)

1. Los que están enfermos
2. Los que lloran
3. Los que tienen mucho dolor
4. Todos los que sufren persecución

2 ¿Qué pasará con los que tienen hambre y sed de justicia? (5:6)

1. Serán saciados.
2. Serán generosos con otros.
3. Muchos serán tomados de ellos.
4. Sus corazones hallarán reposo.

3 ¿Qué pasará a los de limpio corazón? (5:8)

1. La gente los tratará amablemente.
2. Recibirán muchas cosas.
3. Verán a Dios.
4. Estarán llenos de gozo.

4 ¿Qué ordenó Jesús a los que son perseguidos? (5:11-12)

1. "Gozaos y alegraos".
2. "Pidan mucha ayuda a otras personas".
3. "Sientan mucha tristeza por lo que pasó".
4. "Peleen con todo aquel que les hiera".

5 ¿Con qué comparó Jesús al pueblo de Dios? (5:13)

1. Albahaca
2. Sal
3. Pimienta
4. Ajo en polvo

6 ¿Por qué dijo Jesús: "Así alumbre vuestra luz delante de los hombres"? (5:16)

1. "Para alumbrar a todos en la casa"
2. "Para que vean vuestras buenas obras, y glorifiquen a vuestro Padre que está en los cielos"
3. "Para que una ciudad en el monte resplandezca"
4. Todas las respuestas son correctas.

7 ¿Quién vino a cumplir la ley y los profetas? (5:17)

1. Moisés
2. Josué
3. Los fariseos
4. Jesús

8 ¿Ante quiénes era culpable la persona que le decía "necio" a su hermano? (5:22)

1. Las cortes romanas
2. El concilio
3. La sinagoga
4. Todas las respuestas son correctas.

9 Si alguien trae su ofrenda al altar y recuerda que un hermano tiene algo contra él o ella, ¿qué debe hacer esa persona? (5:23-25)

1. Dejar su ofrenda delante del altar.
2. Ir y reconciliarse con el hermano.
3. Venir y presentar su ofrenda.
4. Todas las respuestas son correctas.

10 Terminen este versículo: "Bienaventurados los pobres en espíritu, porque de ellos es el reino de los cielos. Bienaventurados los que lloran, porque ellos recibirán consolación. Bienaventurados los mansos, porque ellos recibirán la tierra por heredad. Bienaventurados los que tienen hambre..." (Mateo 5:3-6)

1. "... de ser buenos, porque serán llamados pueblo de Dios".
2. "... del amor de Dios, porque la bendición de Dios estará sobre ellos".
3. "... y sed de justicia, porque ellos serán saciados".
4. "... y comen hasta saciarse, porque nunca estarán hambrientos".

Versículo para Memorizar

"Bienaventurados los misericordiosos, porque ellos alcanzarán misericordia. Bienaventurados los de limpio corazón, porque ellos verán a Dios. Bienaventurados los pacificadores, porque ellos serán llamados hijos de Dios. Bienaventurados los que padecen persecución por causa de la justicia, porque de ellos es el reino de los cielos" (Mateo 5:7-10).

Verdad Bíblica

Jesús nos enseña cómo llevar una vida justa.

Propósito

Esta lección ayudará a los niños a entender que Jesús nos enseñó cómo llevar una vida justa. Debemos evitar la venganza, amar a nuestros enemigos y dar ayuda a la gente necesitada.

Sugerencia para la Enseñanza

Al dirigir el estudio bíblico, enfoque la enseñanza en las maneras prácticas en que Jesús enseñó a la gente a vivir como miembros del reino de Dios.

Lección 4

Mateo 5:38—6:34

COMENTARIO BÍBLICO

En el Antiguo Testamento, la idea de "ojo por ojo" enseñó a los israelitas acerca de la justicia. El castigo por un crimen debía ser equivalente a la severidad del crimen. Esto les ayudó a comprender el carácter justo de Dios. Enseñó cuáles eran las normas divinas en cuanto a lo bueno y lo malo. Los malvados no debían maltratar a los justos y débiles. Asimismo, protegía a los criminales de un castigo demasiado severo.

Cuando Jesús estaba en la tierra, el "ojo por ojo" se usaba como justificación para la venganza personal. Jesús corrigió esa perspectiva. Recibir un golpe en la mejilla derecha era un insulto grave. Volver la otra mejilla significaba aceptar el insulto. El insulto no era un problema legal que se tratara en las cortes. Era un acto insignificante que la ley no cubría.

Jesús habló de otros casos relacionados con la justicia. Por ejemplo, si alguien te demanda por una falta que cometiste, págale más de lo que le debes. Si alguien te pide hacer algo que no deseas, haz incluso trabajo extra. No ayudes a la gente esperando recibir algo a cambio. La persona verdaderamente justa es generosa y pone el amor por encima de conflictos e inconveniencias personales.

CARACTERÍSTICAS DE DIOS

- Dios es justo.
- Dios quiere que busquemos su reino y que confiemos en Él.

PALABRAS RELACIONADAS CON NUESTRA FE

Justicia es una relación correcta con Dios. Ser justo significa obedecer a Dios debido a nuestra relación con Él. Una persona justa es recta o buena en sus pensamientos, palabras y acciones.

PERSONAS

Los **gentiles** eran los que adoraban a ídolos en vez de adorar a Dios.

LUGARES

La **sinagoga** era un lugar donde los judíos se reunían para leer la Escritura y adorar a Dios.

OBJETOS

La **capa** era una prenda de vestir larga. Se usaba como vestimenta durante el día y como cobija o frazada en la noche.

La **túnica** era la principal prenda de vestir que usaban los hombres.

La **oración** es una conversación con Dios que incluye hablarle y escucharlo.

Ayunar es privarse por un tiempo de algo, generalmente alimentos, para orar y enfocarse en Dios.

ACTIVIDAD

Para esta actividad necesitará lo siguiente:
- Dos papeles grandes
- Marcadores de colores o crayolas

Antes de la clase, ponga los papeles en una pared del salón. En uno dibuje un gorrión (u otro tipo de ave). En el otro papel dibuje un lirio (u otro tipo de flor).

Diga: **Hoy escogeremos colores para esta ave y esta flor. Cuando mencione un color, levanten la mano. Cuando yo señale a uno de ustedes, díganme cuál parte del dibujo debo colorear.**

Mientras colorea los dibujos, procure mencionar el nombre de cada niño y niña antes de terminar. Cuando finalice, deje los dibujos en el salón para que todos los vean.

Diga: **Nosotros coloreamos estos dibujos de un gorrión y de un lirio. Sin embargo, Dios creó al gorrión y el lirio con una belleza que nosotros jamás podríamos superar. Hoy aprenderemos que Dios cuida de nosotros aun mucho más de lo que cuida de estas hermosas creaciones.**

LECCIÓN BÍBLICA

Antes de relatarla a los niños, estudie la siguiente historia adaptada de Mateo 5:38—6:34.

Jesús continuó hablando a la gente que se había reunido alrededor de Él. Le enseñó a la gente cómo tratar a las personas que les trataban mal. Jesús dijo: "Oísteis que fue dicho: 'Ojo por ojo, y diente por diente'. Sin embargo, yo tengo una nueva enseñanza para ustedes. Cuando alguien les haga algo malo, no se resistan. Si él o ella les hiere en la mejilla derecha, permitan que les hiera en la mejilla izquierda también. Si alguien intenta quitarles la túnica, entréguenle también la capa. Si alguien les obliga a caminar una milla con él o ella, caminen más bien dos millas. Si alguien les pide algo, dénselo. No se nieguen a prestar algo al que lo necesita."

Jesús también dijo: "Oísteis que fue dicho: Amarás a tu prójimo, y aborrece-

rás a tu enemigo". Pero yo les digo: Amen a sus enemigos y oren por los que les persiguen. Si sólo aman a la gente que les ama, ustedes no recibirán nada. Aun los malos hacen eso. "Sed, pues, vosotros perfectos, como vuestro Padre que está en los cielos es perfecto".

Jesús enseñó a la gente acerca de la actitud humilde. "No llamen la atención cuando hagan buenas obras. Cuando ayuden a los necesitados, no lo anuncien. Si dan limosna, háganlo en secreto. Dios ve lo que hacen en secreto, y les dará una recompensa.

"A algunos les gusta orar en público para que la gente los vea. Cuando ustedes oren, vayan a su habitación y cierren la puerta. Allí pueden orar. Dios ve lo que hacen en privado, y los recompensará.

"Cuando oren, no usen muchas palabras para que la gente les oiga. De esa manera oran los gentiles. Dios sabe qué es lo que necesitan, aun antes que se lo pidan.

"Ustedes deben orar así: 'Padre nuestro que estás en los cielos, santificado sea tu nombre. Venga tu reino. Hágase tu voluntad, como en el cielo, así también en la tierra. El pan nuestro de cada día, dánoslo hoy. Y perdónanos nuestras deudas, como también nosotros perdonamos a nuestros deudores. Y no nos metas en tentación, mas líbranos del mal'.

"Si perdonan a los que les ofenden, Dios también los perdonará a ustedes. Pero, si no perdonan a los hombres sus ofensas, Dios tampoco les perdonará a ustedes sus ofensas.

"Cuando ayunen, no hagan gestos para mostrar que tienen hambre. Más bien, unjan su cabeza y lávense la cara. Así la gente no sabrá que están ayunando. Solamente Dios verá lo que hacen, y los recompensará".

Jesús enseñó a la gente qué es lo que debía ser más valioso para ellos. "No acumulen tesoros en la tierra. Las cosas de la tierra se desgastan y los ladrones las roban. Más bien, háganse tesoro en el cielo, donde ese tesoro nunca se desgastará y los ladrones no pueden robarlo. El corazón de ustedes estará donde esté su tesoro.

"La lámpara del cuerpo es el ojo. Si sus ojos son buenos, entonces ustedes están llenos de luz. Pero, si sus ojos son malos, ustedes están llenos de oscuridad.

"Ninguno puede servir a dos señores. O aborrecerá a uno y amará al otro, o estimará a uno y despreciará al otro. En forma similar, es imposible servir a Dios y a las riquezas".

Jesús enseñó a la gente que no debía preocuparse. "No se afanen por su vida, su cuerpo, lo que comerán o beberán, o la ropa que usarán. La vida es más importante que el alimento, y el cuerpo es más importante que la ropa. Las aves del cielo no siembran ni cosechan ningún alimento. No almacenan comida en graneros, pero Dios les provee alimento. ¿Acaso no son ustedes más valiosos que los gorriones? Preocuparse no agregará más tiempo a sus vidas.

"De la misma forma, los lirios no trabajan, pero se ven más hermosos que Salomón. Dios cuida los lirios aunque no viven mucho tiempo. Dios cuidará aun más de ustedes. No se preocupen de qué comerán, qué beberán ni qué vestirán. Los gentiles se preocupan por estas cosas, pero Dios ya sabe lo que ustedes necesitan. Más bien, busquen el reino de Dios y su justicia, y recibirán también todo lo demás. No se preocupen por el mañana, porque cada día trae ya suficientes preocupaciones".

Pida a los alumnos que respondan las siguientes preguntas. No hay respuestas correctas o erradas. Estas preguntas ayudarán a los niños a entender la historia y aplicarla a sus vidas.

1. ¿Es fácil perdonar a sus enemigos? ¿Cuándo es difícil para ustedes perdonar?
2. ¿Les parece a veces que es difícil orar? ¿Cuáles son algunos métodos que nos ayudarán a orar más eficazmente?
3. ¿Qué los lleva a preocuparse? ¿Cómo se sienten al permitir que Dios se haga cargo de esas situaciones?

Diga: **Imaginemos que ustedes hicieron algo bueno para un amigo o amiga. ¿Llamarían a todos sus amigos y familiares para contarles lo que hicieron? A veces queremos una recompensa cuando hacemos algo bueno. Sin embargo, Jesús nos dijo que debemos hacer buenas obras para honrar a Dios, no para que nos honren a nosotros. Todo lo que hacemos en nuestra vida debe ser para alabar y honrar a Dios.**

VERSÍCULO PARA MEMORIZAR

Enseñe el versículo para memorizar de esta lección. Encontrará sugerencias de Actividades para Enseñar el Versículo para Memorizar en las páginas 140-141.

ACTIVIDADES ADICIONALES

Elija una de las siguientes opciones para que los niños mejoren su estudio de la Biblia.

1. Jesús nos enseñó cómo orar. Como clase, memoricen el Padre Nuestro. Piensen en el significado de cada parte de la oración. ¿Cómo puede esta oración enseñarnos a orar más eficazmente?
2. Como clase, piensen en algunas necesidades de su iglesia o comunidad y hagan una lista. Para cada necesidad, piensen en algo que su clase podría hacer al respecto. Seleccionen una de esas necesidades y realicen la actividad sugerida como clase.

PREGUNTAS PARA LA COMPETENCIA – NIVEL BÁSICO

A fin de preparar a los niños para la competencia, léales Mateo 5:38—6:34.

1 Según Jesús, ¿qué es lo que debemos hacer con el que es malo? (5:39)
1. Herirlo en la mejilla derecha.
2. **No resistirlo.**
3. Eludirlo.

2 Según Jesús, ¿qué debemos hacer con los que nos persiguen? (5:44)
1. **Orar por ellos.**
2. Reportarlos al sacerdote.
3. Perseguirlos en venganza.

3 ¿Qué dijo Jesús que debemos hacer cuando oremos? (6:6)

1. Entra en tu cuarto y cierra la puerta.
2. **Ora a tu Padre que está en secreto.**
3. Ambas respuestas son correctas.

4 ¿Por qué los gentiles usan vanas repeticiones cuando oran? (6:7)

1. Les gusta ese sonido.
2. **Piensan que por sus repeticiones, Dios los oirá.**
3. Dios responde sus oraciones más rápidamente.

5 En el Padre Nuestro, ¿de qué pidió Jesús a Dios que nos librara? (6:13)

1. De los fariseos
2. De los romanos
3. **Del mal**

6 ¿Por qué dijo Jesús que los que ayunan deben ungirse la cabeza y lavarse el rostro? (6:17-18)

1. Otros verán así que ellos aman a Dios.
2. **Otros no sabrán que ellos están ayunando.**
3. Otros sabrán que deben mantenerse lejos de ellos.

7 ¿Cuál de estas enseñanzas dio Jesús? (6:19)

1. **No se hagan tesoros en la tierra.**
2. No acumulen dinero para ustedes en el banco.
3. No acumulen oro y plata para ustedes.

8 ¿Dónde debemos hacernos tesoros? (6:20)

1. En la tierra
2. En nuestra casa
3. **En el cielo**

9 Según Jesús, ¿a cuáles dos señores no podemos servir? (6:24)

1. A Dios y a los amigos
2. **A Dios y a las riquezas**
3. A Dios y a la familia

10 ¿Qué debemos buscar primeramente? (6:33)

1. **El reino de Dios y su justicia**
2. Dinero
3. Alimento y ropa

PREGUNTAS PARA LA COMPETENCIA – NIVEL AVANZADO

A fin de preparar a los niños para la competencia, léales Mateo 5:38—6:34.

1 Según Jesús, ¿qué debemos hacer cuando alguien nos pida que le prestemos algo? (5:42)

1. Darle todo lo que tenemos.
2. **No rehusarle.**
3. No darle nada.
4. Darle suficiente comida para su familia y luego rehusarle el préstamo.

2 ¿Por qué debemos amar a nuestros enemigos y orar por los que nos persiguen? (5:44-45)

1. Nuestro Padre que está en los cielos nos amará.
2. **Para ser hijos de nuestro Padre que está en los cielos.**
3. Nuestros enemigos y perseguidores serán mejores personas.
4. Todas las respuestas son correctas.

3 ¿Qué debemos hacer cuando demos limosna al necesitado? (6:3)

1. Decirles a todos cuánto le hemos dado.
2. Darle al necesitado nuestra ropa vieja.
3. No dejar que nuestra mano izquierda sepa lo que hace la mano derecha.
4. Anunciarlo para que la gente nos honre.

4 ¿Por qué los hipócritas aman orar en la sinagoga y en las esquinas de las calles? (6:5)

1. Para ser vistos por los hombres
2. En su casa no les permiten orar.
3. Jesús les dijo que oren allí.
4. Todas las respuestas son correctas.

5 Según Jesús, ¿qué debe hacer la gente cuando ayuna? (6:17)

1. Mostrar tristeza y ponerse ceniza en el rostro.
2. Quedarse en su casa.
3. Ungirse la cabeza y lavarse el rostro.
4. Cantar alabanzas a Dios.

6 ¿Dónde dijo Jesús que estará nuestro corazón? (6:21)

1. Donde estén nuestra familia y nuestros amigos
2. Donde esté nuestro tesoro
3. En el cielo
4. En la tierra

7 ¿Qué es más importante que el alimento? (6:25)

1. La vida
2. La ropa
3. Las posesiones
4. Un lugar donde vivir

8 ¿Qué hace nuestro Padre celestial por las aves? (6:26)

1. Les construye un nido.
2. Las alimenta.
3. Las ayuda a volar.
4. Las viste.

9 ¿Qué debemos hacer en vez de afanarnos? (6:33)

1. Buscar paz y gozo en pequeñas cosas.
2. Dar dinero a los necesitados.
3. Buscar primeramente el reino de Dios y su justicia.
4. Buscar primeramente hacer tesoros en el cielo.

10 Terminen este versículo: "Bienaventurados los que padecen persecución por causa de la justicia..." (Mateo 5:10)

1. "... porque de ellos es el reino de los cielos".
2. "... porque ellos recibirán consolación".
3. "... porque Dios los salvará".
4. "... porque Dios castigará a quienes los persiguen".

Lección 5

Mateo 7:1-29

Versículo para Memorizar

"Bienaventurados sois cuando por mi causa os vituperen y os persigan, y digan toda clase de mal contra vosotros, mintiendo. Gozaos y alegraos, porque vuestro galardón es grande en los cielos; porque así persiguieron a los profetas que fueron antes de vosotros" (Mateo 5:11-12).

Verdad Bíblica

Jesús tiene autoridad para enseñarnos cómo debemos vivir porque es el Hijo de Dios.

Propósito

En esta lección, los niños aprenderán que Jesús enseñó a la gente cómo vivir para agradar a Dios.

Sugerencia para la Enseñanza

Al dirigir el estudio bíblico encontrará muchas metáforas. Una metáfora es una forma de describir algo dándole otro nombre. Por ejemplo, el hombre es un toro bravo. Recuerde que para los niños quizás sea difícil entender las metáforas. Dedique tiempo para estudiar las metáforas mencionadas en el Sermón del Monte, de modo que pueda explicárselas a sus alumnos.

COMENTARIO BÍBLICO

Jesús se dirigió a sus seguidores y les dio consejos acerca de cómo vivir en relación con otros creyentes. Él quería que sus seguidores evitaran una actitud de juicio hacia otros. En este pasaje, Jesús explicó que el problema con el juzgar es que muestra una actitud de superioridad, hipócrita y condenadora. Jesús dijo que seremos juzgados de la misma forma en que juzgamos a otros. Si mostramos misericordia a otros, a nosotros nos mostrarán misericordia. Si somos severos con otros, Dios nos tratará severamente. Debemos ser cuidadosos para discernir el carácter de otra persona con sinceridad, humildad y amor.

Jesús enseñó que primeramente debemos quitar la viga de nuestro ojo. Eso hacemos examinando nuestros corazones, mentes y actitudes. Jesús explicó que primero debemos ocuparnos de nuestros pecados y defectos, de modo que podamos ver con más precisión las faltas de otra persona. Si quitamos la viga de nuestro ojo, podemos volver y ayudar a sacar la paja del ojo del hermano. Sólo después de experimentar la vergüenza y el dolor de confesar nuestras faltas y fracasos, estamos capacitados para evaluar a otros con humildad y compasión. Entonces se nos invita, no a condenar, sino a ayudar a nuestros hermanos y hermanas en Cristo.

CARACTERÍSTICAS DE DIOS

- Jesús tiene la autoridad para enseñar porque es el Hijo de Dios.
- Dios es sabio y comparte su sabiduría con nosotros.

ACTIVIDAD

Para esta actividad necesitará lo siguiente:
- Varios materiales para "construir" una estructura o "edificio", tales como: palitos, pajillas (popotes o cañitas), cinta adhesiva, clips para papel, etc. Use los materiales que tenga disponibles.
- Dos pedazos de tela que midan aproximadamente como una toalla
- Un cronómetro

Divida a la clase en dos equipos. A cada equipo entréguele una cantidad igual de materiales para la actividad. Coloque los dos pedazos de tela en el piso. Explíqueles que, con los materiales provistos, cada equipo deberá construir un edificio o estructura sobre la tela. Dígales que procuren edificar la estructura más fuerte que les sea posible. Dé cinco minutos a cada equipo para que la construyan.

Después, usted y un ayudante deben crear una "tormenta" sujetando el primer pedazo de tela por las cuatro esquinas. Sacudan la tela. Usen el cronómetro para determinar cuánto tiempo tarda en caerse el edificio. Hagan lo mismo con el edificio del otro equipo.

Diga: **Aunque sus edificios parecían ser fuertes, el fundamento débil hizo que se cayeran. Hoy estudiaremos acerca del fundamento fuerte que necesitamos para nuestra vida cristiana.**

LECCIÓN BÍBLICA

Antes de relatarla a los niños, estudie la siguiente historia adaptada de Mateo 7:1-29.

Jesús continuó el Sermón del Monte diciendo: "No juzguen, o alguien los juzgará. Porque en la misma manera en que juzgan a otros, se les juzgará a ustedes. ¿Por qué miran la paja en el ojo de su hermano y no se dan cuenta de la viga que tienen en su ojo? Primero saquen la viga de su ojo, y entonces podrán ver claramente para sacar la paja del ojo de su hermano".

"Pidan y se les dará; busquen y hallarán; llamen y se les abrirá la puerta. Si ustedes saben dar buenos regalos a sus hijos, ¡su Padre celestial dará regalos aun mejores a los que le pidan! Así que, en todo, hagan a otros lo que quieran que otros hagan con ustedes. Esto resume la ley y los profetas".

"Entren por la puerta estrecha. Muchos entran por la puerta ancha y el camino espacioso. Éste lleva a la destrucción. Pero, estrecha es la puerta y angosto el camino que lleva a la vida, y son pocos los que la hallan".

"Cuídense de los falsos profetas. Son como lobos que vienen vestidos como ovejas para atacarlas. Pero por dentro son lobos feroces. Ustedes pueden reconocer a un profeta falso por el resultado de sus profecías. Todo árbol bueno da buenos frutos, pero un árbol malo da malos frutos. No todo el que me dice: 'Señor, Señor', entrará en el reino de los cielos, sino tan solo los que hacen la voluntad de mi Padre que está en los cie-

los. La persona que ama a Dios ayudará a otros a amar a Dios".

Jesús le dijo a la gente que necesitaban tener una fe fuerte en Dios. "Cualquiera, pues, que me oye estas palabras, y las hace, le compararé a un hombre prudente, que edificó su casa sobre la roca. Descendió lluvia, y vinieron ríos, y soplaron vientos, y golpearon contra aquella casa; y no cayó, porque estaba fundada sobre la roca. Pero cualquiera que me oye estas palabras y no las hace, le compararé a un hombre insensato, que edificó su casa sobre la arena; y descendió lluvia, y vinieron ríos, y soplaron vientos, y dieron con ímpetu contra aquella casa; y cayó, y fue grande su ruina".

Cuando Jesús terminó, la gente estaba admirada de lo que les había dicho. Él enseñaba como alguien que tenía autoridad, y no como los escribas.

Pida a los alumnos que respondan las siguientes preguntas. No hay respuestas correctas o erradas. Estas preguntas ayudarán a los niños a entender la historia y aplicarla a sus vidas.

1. ¿Cuáles ideas importantes aprendieron de estos versículos?
2. ¿En qué se diferencian las enseñanzas de Jesús de la forma en que la gente vive ahora?
3. ¿Cuáles son algunos ejemplos de actitudes que son frutos buenos y frutos malos? ¿Qué tipo de fruto los describe a ustedes?

Diga: **Mucha gente escuchó a Jesús cuando Él estaba en la tierra porque Jesús era sabio. Pero otros lo escuchaban porque deseaban aprender más acerca de Dios. Jesús no fue solamente un hombre bueno y un líder sabio. Para nosotros no es fácil oír algunas de sus enseñanzas. Tampoco es fácil incluir en nuestra vida algunas de las cosas que enseñó. Sin embargo, creemos y obedecemos las enseñanzas de Jesús porque Él es el Hijo de Dios.**

VERSÍCULO PARA MEMORIZAR

Enseñe el versículo para memorizar de esta lección. Encontrará sugerencias de Actividades para Enseñar el Versículo para Memorizar en las páginas 140-141.

ACTIVIDADES ADICIONALES

Elija una de las siguientes opciones para que los niños mejoren su estudio de la Biblia.

1. Pida a los niños que piensen en ocasiones cuando juzgaron a otros. Pasen un tiempo en oración dirigida y bríndeles la oportunidad de pedir perdón a Dios por esas ocasiones. Pida a Dios que revele a los niños las áreas de sus vidas que necesitan mejorar.
2. Divida la clase en grupos de dos. Pídales que se sienten en diferentes lugares del salón. Diga: **Imaginen que estaban en la multitud que escuchó a Jesús mientras enseñaba el Sermón del Monte. ¿Cómo le contarían a un amigo o una amiga lo que vieron y oyeron?** Indíqueles que se turnen para contar el uno al otro lo que vieron y lo que dijo Jesús.

PREGUNTAS PARA LA COMPETENCIA – NIVEL BÁSICO

A fin de preparar a los niños para la competencia, léales Mateo 7:1-29.

1 ¿Qué pasará a los que juzgan a otros? (7:1)
1. Serán castigados.
2. Morirán por su pecado.
3. **Serán juzgados.**

2 Según Jesús, ¿qué debemos hacer antes de sacar la paja del ojo de nuestro hermano? (7:5)
1. Sacar la paja del otro ojo de nuestro hermano.
2. **Sacar la viga de nuestro ojo.**
3. No prestar atención a la viga en nuestro ojo.

3 ¿Qué dijo Jesús que pasará si la gente "llama"? (7:7)
1. Recibirá respuesta.
2. **Se le abrirá la puerta.**
3. Ambas respuestas son correctas.

4 Según Jesús, ¿qué pasa cuando la gente "busca"? (7:8)
1. **Halla.**
2. Se pierde.
3. Ganan el juego.

5 ¿Qué es lo que el Padre celestial dará a los que le pidan? (7:11)
1. La respuesta que necesitan
2. Lo que quieren
3. **Buenas cosas**

6 ¿Qué dijo Jesús que debemos hacer a otros? (7:12)
1. Lo que ellos nos han hecho
2. **Lo que queremos que ellos hagan con nosotros**
3. Lo que hizo Jesús a la gente que Él conocía

7 ¿A dónde llevan la puerta estrecha y el camino angosto? (7:14)
1. Al jardín
2. **A la vida**
3. A nuestra destrucción

8 ¿Cuántos hallan el camino que lleva a la vida? (7:14)
1. **Pocos**
2. Casi todos
3. Ninguno

9 ¿Cómo se puede reconocer a un falso profeta? (7:16)
1. Por su apariencia
2. **Por sus frutos**
3. Por su vestimenta

10 ¿Qué pasó con la casa del hombre insensato cuando descendió lluvia, vinieron ríos y soplaron vientos? (7:27)
1. Se fue flotando.
2. **Cayó y fue grande su ruina.**
3. Permaneció firme.

PREGUNTAS PARA LA COMPETENCIA – NIVEL AVANZADO

A fin de preparar a los niños para la competencia, léales Mateo 7:1-29.

1 Según Jesús, ¿cómo serán juzgadas las personas? (7:1-2)

1. Con el juicio con que ellas juzgan a otros
2. En la forma en que Dios quiere que las juzguemos
3. En la forma en que otras personas las juzgan
4. En la forma en que las juzga un carcelero

2 Según Jesús, ¿qué es lo que hace mucha gente cuando juzgan a otros? (7:3-4)

1. Miran la paja que está en el ojo de su hermano.
2. No ven la viga que está en su propio ojo.
3. Le dicen al hermano: "Déjame sacar la paja de tu ojo".
4. Todas las respuestas son correctas.

3 ¿Cómo dijo Jesús que el pueblo de Dios debe tratar a otros? (7:12)

1. "Todas las cosas que queráis que los hombres hagan con vosotros, así también haced vosotros con ellos".
2. "Hagan a otros lo que ellos les hicieron a ustedes".
3. "Hagan a otros lo que ellos hicieron a otras personas".
4. "Traten bien sólo a la gente buena".

4 ¿Por cuál tipo de puerta dijo Jesús que la gente debe entrar? (7:13-14)

1. La puerta ancha
2. La puerta espaciosa en el camino ancho
3. La puerta estrecha
4. La puerta ancha en el camino angosto

5 ¿Cómo podemos conocer a un falso profeta? (7:15-16)

1. Por su vestido de oveja
2. Por sus frutos
3. Por su apariencia—parecen lobos
4. Por sus gruñidos

6 Según Jesús, ¿qué es lo que el árbol malo no puede hacer? (7:18)

1. No puede dar fruto en el invierno.
2. No puede vivir mucho tiempo.
3. No puede producir flores.
4. No puede dar frutos buenos.

7 Según Jesús, ¿quién entrará en el reino de los cielos? (7:21)

1. Todo el que diga una profecía en el nombre de Jesús
2. Todo el que lo llame Señor
3. El que hace la voluntad de su Padre que está en los cielos
4. El que echa fuera demonios y hace milagros

8 ¿Con quién comparó Jesús al que oye sus palabras y las hace? (7:24)

1. A un profeta que siempre habla la verdad
2. A un hombre prudente que edificó su casa sobre la roca
3. A un hombre prudente que edificó su casa sobre arena
4. A un hombre prudente que podía predecir el clima

9 ¿Por qué se admiraba la multitud con las enseñanzas de Jesús? (7:28-29)

1. Les relataba historias interesantes.
2. Les citaba las enseñanzas de los escribas.
3. **Les enseñaba como quien tiene autoridad, y no como los escribas.**
4. Todas las respuestas son correctas.

10 Terminen este versículo: "Bienaventurados sois cuando por mi causa os vituperen y os persigan, y digan toda clase de mal contra vosotros, mintiendo..." (Mateo 5:11-12)

1. **"... Gozaos y alegraos, porque vuestro galardón es grande en los cielos; porque así persiguieron a los profetas que fueron antes de vosotros".**
2. "... Ustedes serán grandemente recompensados porque me honran".
3. "... Estoy feliz con lo que ustedes han hecho y también lo está mi Padre en los cielos".
4. "... Celebren y sean felices, porque han hecho grandes cosas".

Lección 6

Mateo 8:1-17, 23-34; 9:1-8

Versículo para Memorizar

"Oh Dios, santo es tu camino; ¿qué dios es grande como nuestro Dios? Tú eres el Dios que hace maravillas; hiciste notorio en los pueblos tu poder" (Salmos 77:13-14).

Verdad Bíblica

Los milagros de Jesús nos ayudan a creer que Él es el Hijo de Dios.

Propósito

Esta lección ayudará a los niños a comprender que Jesús tiene poder sobre las enfermedades, la naturaleza y el mal. También tiene el poder para perdonar los pecados.

Sugerencia para la Enseñanza

Al dirigir el estudio bíblico, enfoque la enseñanza en los milagros de Jesús y cómo éstos nos ayudan a creer que Él es el Hijo de Dios.

COMENTARIO BÍBLICO

Los milagros en esta lección nos enseñan acerca de las capacidades de Jesús. Él mostró su poder sobre las enfermedades y la vida humana cuando sanó al leproso, a la suegra de Pedro y a muchos otros. Mostró su poder sobre el ámbito sobrenatural cuando echó fuera demonios de las personas. Mostró su poder y autoridad sobre el mundo natural al calmar la tempestad en el mar. Jesús tiene poder sobre toda la creación. Nada de lo que amenaza dominarnos puede derrotar a Jesús.

Estos milagros nos enseñan también que Jesús amaba a la gente. Cuando sanó al paralítico, Jesús reveló que tenía la autoridad para perdonar pecados. Sus milagros mostraron que Jesús es el Cristo.

Asimismo, al sanar al criado del centurión romano, Jesús mostró que amaba también a los que no eran judíos. Dios ofrece salvación a todos. Jesús usó milagros para demostrar el amor y compasión de Dios. Los milagros mostraron que Él es el Hijo de Dios.

CARACTERÍSTICAS DE DIOS

- Jesús es más poderoso que todo lo que pueda amenazarnos.
- Jesús tiene la autoridad para perdonar los pecados.

PALABRAS RELACIONADAS CON NUESTRA FE

Fe es la confianza en Dios que lleva a la gente a creer en lo que Él ha dicho, a depender de Él y a obedecerle.

PERSONAS

Un **centurión** era un soldado romano que estaba a cargo de 100 hombres.

OBJETOS

Lepra es una palabra que describe diferentes enfermedades de la piel.

Enfermedad es una dolencia o incapacidad física.

Reprender es amonestar o dar una crítica severa.

Milagro es un hecho poderoso que va contra las leyes normales de la naturaleza. Dios muestra su carácter y poder cuando hace milagros.

Hijo de Hombre es un nombre que se le da a Jesús. Significa que Jesús es el Hijo de Dios pero también es humano.

ACTIVIDAD

Para esta actividad necesitará lo siguiente:
- Una alfombrita, tapete o papel para cada niño que participe en el juego
- Una etiqueta adhesiva o un pedazo de cinta adhesiva

Antes de la clase, pegue la etiqueta o cinta adhesiva en la parte inferior de uno de los papeles o alfombritas. Coloque los papeles o alfombritas formando un círculo.

Diga: **Hoy nos levantaremos de las alfombritas y caminaremos. Cuando yo diga: "Levántense y anden", deben pararse y caminar hacia la izquierda. Cuando diga: "Siéntense", deben sentarse en la alfombrita que tengan más cerca. Si su alfombrita tiene un pedazo de cinta adhesiva (o etiqueta adhesiva) en la parte de abajo, ¡quedan eliminados del juego!**

Después que un niño sea eliminado del juego, retire una alfombrita o papel. Recoja todas las alfombritas y colóquelas otra vez en círculo cambiando el orden. Repita el juego hasta que quede sólo un niño o una niña como ganador.

Diga: **Jesús hizo muchos milagros. Hoy aprenderemos acerca de un hombre que no podía caminar. Jesús le dijo: "Levántate y anda", ¡y el hombre se fue caminando! También aprenderemos acerca de otros milagros que Jesús hizo.**

LECCIÓN BÍBLICA

Antes de relatarla a los niños, estudie la siguiente historia adaptada de Mateo 8:1-17, 23-34; 9:1-8.

Grandes multitudes seguían a Jesús. Un día, un leproso se acercó a Jesús y le dijo: "Señor, si quieres, puedes limpiarme".

Jesús le respondió: "Quiero; sé limpio". En ese momento curó al hombre de su lepra. Después le dijo: "No le cuentes esto a nadie. Más bien, vé al sacerdote y presenta una ofrenda como testimonio de lo que te ha pasado".

Cuando Jesús entró en Capernaum, un centurión vino a Él y le rogó diciendo: "Señor, mi criado está paralítico y muy atormentado".

Jesús le dijo: "Yo iré y le sanaré".

El centurión respondió: "Señor, no soy digno de que vengas a mi casa. Sé que puedes sanar a mi criado con sólo decir la palabra".

Jesús se asombró por la fe del centurión y dijo: "Ni en Israel he conocido a alguien con tanta fe. Vé donde está tu

siervo. Él está sano". El criado fue sanado en ese mismo momento.

Después Jesús fue a la casa de Pedro. La suegra de Pedro tenía fiebre. Jesús le tocó la mano y la fiebre desapareció. Esa noche trajeron a muchos endemoniados. Jesús echó fuera los demonios y sanó a muchos enfermos.

Después Jesús entró en una barca con sus discípulos. De pronto, en el mar empezó una fuerte tempestad y las olas cubrían la barca. Los discípulos dijeron: "¡Señor, sálvanos, que perecemos!"

Jesús dijo: "¿Por qué temen, hombres de poca fe?" Entonces reprendió a los vientos y al mar, y éstos se calmaron.

Este milagro asombró a los discípulos y decían: "¿Qué hombre es éste, que aun los vientos y el mar le obedecen?"

Después Jesús llegó a la tierra de los gadarenos. Allí, dos endemoniados vivían en los sepulcros. Eran tan feroces que nadie se les acercaba. Ellos le gritaron a Jesús: "¿Qué tienes con nosotros, Jesús, Hijo de Dios? ¿Has venido acá para atormentarnos antes de tiempo?"

Había también por allí un hato de muchos cerdos. Y los demonios le dijeron a Jesús: "Si nos echas fuera, permítenos ir a esos cerdos".

Jesús dijo: "Id". Los demonios salieron de los hombres y se fueron al hato de cerdos. Entonces los cerdos corrieron y cayeron en el mar. Los hombres que cuidaban a los cerdos huyeron a la ciudad y contaron lo que había pasado. Toda la gente de la ciudad fue donde estaba Jesús y le rogaron que se fuera de su tierra.

Jesús entró en la barca y se fue a su ciudad. Allí unos hombres llevaron a su amigo a Jesús. Ese amigo era paralítico. Jesús le dijo: "Tus pecados te son perdonados".

Al oírlo, algunos escribas pensaron: "Este hombre blasfema".

Jesús sabía lo que ellos pensaban y dijo: "¿Qué es más fácil decir: Los pecados te son perdonados, o decir: Levántate y anda? Pues para que sepáis que el Hijo del Hombre tiene potestad en la tierra para perdonar pecados", Jesús dijo al paralítico: "Levántate, toma tu cama, y vete a tu casa". Entonces el hombre se levantó y se fue a su casa.

Al ver esto, la gente se maravilló y glorificó a Dios.

Pida a los alumnos que respondan las siguientes preguntas. No hay respuestas correctas o erradas. Estas preguntas ayudarán a los niños a entender la historia y aplicarla a sus vidas.

1. ¿Por qué el centurión sintió que no era digno de recibir a Jesús en su casa?
2. ¿Por qué los discípulos tuvieron temor de la tempestad? ¿Cómo era la fe de ellos en comparación con la fe del centurión?

Diga: ¿Pueden imaginar lo que sentía la gente acerca de Jesús? Él sanaba a los enfermos sólo con un toque de su mano o con una palabra. La gente creía en Jesús y tenía fe en su poder para sanar. Jesús es mejor que un héroe de las historias de ficción. Los milagros de Jesús nos ayudan a ver que nuestro Salvador se interesa en nosotros. Además, Él tiene el poder para cambiar vidas.

VERSÍCULO PARA MEMORIZAR

Enseñe el versículo para memorizar de esta lección. Encontrará sugerencias de Actividades para Enseñar el Versículo para Memorizar en las páginas 140-141.

ACTIVIDADES ADICIONALES

Elija una de las siguientes opciones para que los niños mejoren su estudio de la Biblia.
1. Haga una lista de los personajes en la lección de hoy. Compare la fe de cada uno. ¿A qué los llevó su fe? ¿Cuáles obstáculos hicieron difícil que tuvieran fe en Dios? ¿Cómo era la fe de los discípulos en comparación con la fe de otras personas en la lección de hoy?
2. Diga a la clase que entrevistarán a los que vieron cada uno de los milagros de esta lección. Seleccione niños para que sean estos personajes: el entrevistador, el leproso, el centurión, la suegra de Pedro, un discípulo en la barca que vio cómo Jesús calmó la tempestad, un endemoniado que fue sanado. Para esto no hay un guión escrito. Deje que los niños repasen la historia a medida que el entrevistador les pida que relaten su encuentro con Jesús.

PREGUNTAS PARA LA COMPETENCIA – NIVEL BÁSICO

A fin de preparar a los niños para la competencia, léales Mateo 8:1-17, 23-34; 9:1-8.

1 ¿Qué le dijo un leproso a Jesús? (8:2)
1. "No te acerques a mí. Soy inmundo".
2. "Señor, si quieres, puedes limpiarme".
3. "Señor, ¿por qué me pasó esto a mí?"

2 ¿Qué dijo Jesús acerca de la fe del centurión? (8:10)
1. "No tuvo suficiente fe".
2. "Nadie en el mundo tiene una fe como esta".
3. "Ni aun en Israel he hallado tanta fe".

3 ¿Cómo sanó Jesús a la suegra de Pedro? (8:15)
1. Tocó su mano.
2. Tocó su frente.
3. Ordenó a la fiebre que la dejara.

4 ¿Qué sucedió después que Jesús y sus discípulos entraron en la barca? (8:23-24)
1. Se levantó en el mar una gran tempestad.
2. Las olas cubrían la barca.
3. Ambas respuestas son correctas.

5 ¿De dónde salieron dos endemoniados para venir al encuentro de Jesús? (8:28)
1. Del río
2. De los sepulcros
3. De la sinagoga

6 ¿Cómo se comportaban los dos endemoniados? (8:28)
1. Gritaban día y noche.
2. Mataban a las personas que se acercaban a ellos.
3. Eran tan feroces que nadie podía pasar por ese camino.

7 ¿Qué hizo toda la ciudad después que Jesús sanó a los endemoniados? (8:34)

1. **Le rogaron que se fuera.**
2. Le dieron gracias por su ayuda.
3. Hicieron un banquete para Jesús.

8 ¿A quién le trajeron a Jesús unos hombres? (9:1-2)

1. Un leproso
2. **Un paralítico**
3. Un endemoniado

9 ¿Qué ordenó Jesús al paralítico que hiciera? (9:6)

1. Que tuviera mucha fe
2. Que pidiera perdón por sus pecados
3. **Que se levantara, tomara su cama y se fuera a su casa**

10 ¿Qué hizo la gente cuando Jesús sanó al paralítico? (9:8)

1. Lo ayudó a cargar su cama hasta la casa.
2. **Glorificó a Dios.**
3. Ambas respuestas son correctas.

PREGUNTAS PARA LA COMPETENCIA – NIVEL AVANZADO

A fin de preparar a los niños para la competencia, léales Mateo 8:1-17, 23-34; 9:1-8.

1 Después que Jesús sanó al leproso, ¿qué le dijo que hiciera? (8:3-4)

1. "No lo digas a nadie".
2. "Vé, muéstrate al sacerdote".
3. "Presenta la ofrenda que ordenó Moisés".
4. **Todas las respuestas son correctas.**

2 ¿Qué sucedió cuando Jesús entró en Capernaum? (8:5)

1. Vino a él un leproso para que lo sanara.
2. **Vino a él un centurión para rogarle por su criado.**
3. Vino a él un sacerdote para hacerle una pregunta.
4. Vino a él un paralítico.

3 ¿Qué hizo Jesús por la suegra de Pedro? (8:14-15)

1. Echó fuera un demonio que había en ella.
2. Le enseñó algo de las Escrituras.
3. **La sanó de su fiebre.**
4. Le sirvió a ella una comida.

4 ¿Cuál profecía de Isaías cumplió Jesús al sanar a los enfermos y echar fuera demonios? (8:17)

1. **"Él mismo tomó nuestras enfermedades, y llevó nuestras dolencias".**
2. "Él nos amó y dio su vida por nosotros".
3. "Él nos sanó llevando nuestras enfermedades a la cruz".
4. "Al sanar, Él probó que era el Salvador".

5 ¿Qué dijo Jesús cuando los discípulos lo despertaron durante la tempestad? (8:26)

1. "Hombres de poca fe. ¿No saben que yo puedo calmar tempestades?"
2. "Hicieron bien al despertarme".
3. **"¿Por qué teméis, hombres de poca fe?"**
4. "Grande es vuestra fe".

6 ¿Cómo sanó Jesús a dos endemoniados que vivían en los sepulcros? (8:28, 32)

1. Oró por ellos.
2. Mandó a los demonios a un hato de cerdos.
3. Exclamó: "¡Demonios, salgan de ellos!"
4. Todas las respuestas son correctas.

7 ¿Qué pasó con el hato de cerdos? (8:32)

1. Aplastó y mató a los hombres que los cuidaban.
2. Atacó a los dos endemoniados.
3. Corrió a la ciudad más cercana.
4. Se precipitó en el mar por un despeñadero.

8 ¿Qué decían dentro de sí los escribas cuando Jesús le dijo al paralítico que perdonaba sus pecados? (9:3)

1. "Este blasfema".
2. "Primero, sánalo; después perdona sus pecados".
3. "¿Quién te dio poder para perdonar pecados?"
4. "Este hombre en verdad necesitaba perdón de sus pecados".

9 ¿Qué es lo que Jesús le dijo al paralítico que hiciera? (9:6)

1. Que se levantara.
2. Que tomara su cama.
3. Que se fuera a su casa.
4. Todas las respuestas son correctas.

10 Terminen este versículo: "Oh Dios, santo es tu camino; ¿qué dios es grande como nuestro Dios? Tú eres el Dios que hace maravillas..." (Salmos 77:13-14)

1. "... eres Dios sobre todos los dioses".
2. "... hiciste notorio en los pueblos tu poder".
3. "... eres el único Dios que escucha nuestras oraciones".
4. "... eres el único Dios para nosotros".

Lección 7

Mateo 9:9-13, 18-26, 35-38; 10:1-14

Versículo para Memorizar

"Entonces dijo a sus discípulos: A la verdad la mies es mucha, mas los obreros pocos. Rogad, pues, al Señor de la mies, que envíe obreros a su mies" (Mateo 9:37-38).

Verdad Bíblica

Jesús nos invita a que seamos sus discípulos y nos unamos a Él para edificar su reino.

Propósito

Esta lección ayudará a los niños a comprender que Jesús dio a sus discípulos un mensaje que debían dar a otros, y nosotros también tenemos que dar ese mensaje a otros.

Sugerencia para la Enseñanza

Mientras da la lección bíblica, quizás los niños se pregunten por qué Jesús no quería que los discípulos fueran a los gentiles o a los samaritanos. El mensaje de Jesús era primero para los judíos. Después que Jesús resucitó, ellos llevaron el mensaje a todas las naciones.

COMENTARIO BÍBLICO

En el tiempo de Jesús, los publicanos eran odiados por la gente. Eran judíos que trabajaban para los opresores romanos. Se enriquecían a costa de sus vecinos. Los fariseos querían saber por qué Jesús comía con Mateo y sus amigos de mala reputación. Comer con alguien implicaba que existía una relación. Los fariseos pensaban que Jesús aprobaba el estilo de vida de los publicanos. En realidad, Jesús invitó a Mateo a dejar su vida de pecado. La misión de Jesús era alcanzar a quienes lo necesitaban, sin importar su condición de vida o reputación.

Dios quiere que trabajemos en su mies para traer a la gente a la comunidad de pacto. Oramos para que haya más obreros. La salvación no es algo exclusivo entre "Dios y yo". Más bien, Jesús quiere que nuevos creyentes se unan a la comunidad que estableció por medio de Israel. Como Jesús, debemos alcanzar a todas las personas con un amor consistente.

CARACTERÍSTICAS DE DIOS

- Dios nos llama a seguirle y a compartir su amor con otros.
- Dios nos manda salir para ayudarle a edificar su reino.

PALABRAS RELACIONADAS CON NUESTRA FE

Discípulo es aquel que sigue las enseñanzas y el ejemplo de otra persona. Jesús escogió a 12 **discípulos** para que le ayudaran a difundir el evangelio. Hoy en día todos los que aceptan a Jesús y le siguen son sus **discípulos**.

PERSONAS

Cananistas deriva de la palabra aramea para *zelotes*, un grupo judío que creía que sólo Dios era rey de Israel. Estaban dispuestos a luchar y morir para liberarse de Roma.

ACTIVIDAD

Para esta actividad necesitará lo siguiente:
- Papel
- Tijeras
- Lapiceros (bolígrafos), lápices o marcadores

Antes de la clase corte 12 peces de papel; en cada uno escriba 2-3 palabras del versículo para memorizar, Mateo 9:37-38. Esconda los peces en diferentes lugares del salón.

Diga a los niños que encuentren los 12 peces que están escondidos en el salón. Luego pídales que pongan los peces en el orden correcto. Repitan juntos el versículo para memorizar.

LECCIÓN BÍBLICA

Antes de relatarla a los niños, estudie la siguiente historia adaptada de Mateo 9:9-13, 18-26, 35-38; 10:1-14.

Jesús vio a Mateo, que tenía el trabajo de publicano. "Sígueme", le dijo Jesús a Mateo, y éste se levantó y lo siguió.

Jesús y sus discípulos fueron a comer en la casa de Mateo con muchos publicanos y pecadores. Los fariseos preguntaron a los discípulos de Jesús: "¿Por qué come vuestro Maestro con los publicanos y pecadores?"

Al oír la pregunta, Jesús dijo: "Los sanos no tienen necesidad de médico, sino los enfermos. No he venido a llamar a justos, sino a pecadores".

Mientras Jesús decía esto, vino un hombre principal y se arrodilló ante Él. El hombre le contó que su hija había muerto ese día. Luego le pidió a Jesús: "Ven y pon tu mano sobre ella, y vivirá". Entonces Jesús se levantó y se fue con el hombre. Sus discípulos también fueron con Él.

En el camino, una mujer que había sangrado por 12 años se acercó por detrás a Jesús, y tocó el borde de su manto. Ella pensó: "Si tocare solamente su manto, seré salva". Jesús se volvió a ella y le dijo: "Tu fe te ha salvado".

Cuando Jesús entró en la casa del principal, le dijo a la gente que saliera. Después dijo: "La niña no está muerta, sino duerme". Cuando salió la gente, Jesús tomó de la mano a la niña y ella se levantó.

Jesús iba a todas las ciudades y aldeas. Allí enseñaba, predicaba el evangelio del reino, y sanaba enfermedades y dolencias. Jesús tenía compasión de las multitudes porque estaban desamparadas, como ovejas que no tienen pastor. Entonces Jesús les dijo a sus discípulos: "La mies es mucha, mas los obreros pocos".

Jesús dio a sus discípulos la autoridad para echar fuera espíritus inmundos y para sanar toda enfermedad y dolencia. Los discípulos eran doce. Sus nombres eran: Simón, llamado Pedro, y su hermano Andrés; Jacobo hijo de Zebedeo, y su hermano Juan; Felipe, Bartolomé, Tomás, Mateo el publicano, Jacobo hijo de Alfeo, Tadeo, Simón el cananista y Judas Iscariote, el que entregó a Jesús.

Jesús les dijo a sus discípulos que fueran a las ovejas perdidas de Israel, no a los gentiles ni a los samaritanos. Les indicó que predicaran este mensaje: "El reino de los cielos se ha acercado". Les pidió que sanaran a los enfermos, que resucitaran a los muertos, que limpiaran a leprosos y echaran fuera demonios. Jesús les dijo que en toda ciudad o aldea donde entraran, debían buscar a una persona digna y alojarse en su casa hasta que salieran a otra ciudad. Jesús advirtió que si alguien no recibía a los discípulos, o no aceptaba escuchar sus palabras, ellos debían sacudir el polvo de sus pies cuando salieran de esa casa o ciudad.

Pida a los alumnos que respondan las siguientes preguntas. No hay respuestas correctas o erradas. Estas preguntas ayudarán a los niños a entender la historia y aplicarla a sus vidas.

1. ¿Piensan que Mateo y sus amigos se dieron cuenta de lo que los fariseos dijeron de ellos? Si fue así, ¿cómo creen que se sintieron?
2. La gente se burló de Jesús cuando Él dijo que la niña no estaba muerta, sino dormida. ¿Piensan que ellos creyeron en Jesús después que la resucitó? ¿Por qué sí o por qué no?
3. ¿Por qué Dios necesita obreros para que le ayuden a recoger la mies?
4. ¿Por qué razón una ciudad rechazaría a Jesús y a sus discípulos?

Diga: ¿Sienten alguna vez que ustedes no son importantes? Tal vez sientan que no tienen un trabajo importante. Esto no es verdad. Jesús les llama a hacer el trabajo más importante en el mundo: compartir el evangelio de Jesucristo con personas que no lo conocen. Jesús a menudo buscaba gente común para que lo ayudaran. Muchos de ellos probablemente se consideraban insignificantes antes de conocer a Jesús.

Jesús les dijo: "La mies es mucha, mas los obreros pocos" (9:37). Con eso Jesús quiso decir que hay mucha gente que no sabe del amor de Dios. Los que conocen a Jesús deben hablar a todos acerca del amor de Dios. Todos tienen un trabajo que hacer por Jesús, y es un trabajo importante.

VERSÍCULO PARA MEMORIZAR

Enseñe el versículo para memorizar de esta lección. Encontrará sugerencias de Actividades para Enseñar el Versículo para Memorizar en las páginas 140-141.

ACTIVIDADES ADICIONALES

Elija una de las siguientes opciones para que los niños mejoren su estudio de la Biblia.

1. Diga: **¿Quiénes son sus amigos más cercanos? ¿Por qué tienen esa cercanía?** Jesús era ejemplo y mentor para sus discípulos. Un mentor es alguien que los guía en una actividad o en una serie de eventos, o les enseña dándoles información. Piensen en sus amigos y familiares. **¿Quién es un mentor para ustedes? ¿Qué pueden aprender de ellos acerca de Jesús? ¿Qué pueden enseñarles ustedes a ellos acerca de Jesús?** Pida a los niños

que escriban los nombres de dos personas en sus vidas por quienes pueden orar, a los que pueden discipular y guiar como mentores.
2. Invite a un pastor o pastora para que hable a la clase acerca de su testimonio cristiano y llamado al ministerio. Dé a los niños la oportunidad de hacer preguntas. Sea especialmente sensible durante este tiempo.

Tal vez sea el momento cuando Dios llame a uno de sus alumnos al ministerio cristiano de tiempo completo. Que los niños comprendan que Dios pide a todos los cristianos que ministren a la gente que está cerca de ellos. Algunos cristianos reciben el llamamiento a un ministerio específico de tiempo completo.

PREGUNTAS PARA LA COMPETENCIA – NIVEL BÁSICO

A fin de preparar a los niños para la competencia, léales Mateo 9:9-13, 18-26, 35-38; 10:1-14.

1 ¿Qué le dijo Jesús a Mateo en el banco de los tributos públicos? (9:9)
1. "Tus pecados te son perdonados".
2. "Sígueme".
3. "Tú serás un recaudador de hombres".

2 ¿Quiénes comieron con Jesús en la casa de Mateo? (9:10)
1. Fariseos y escribas
2. Muchos publicanos y pecadores
3. Amigos de Mateo que estaban enfermos

3 ¿Qué preguntaron los fariseos a los discípulos de Jesús cuando lo vieron comiendo en la casa de Mateo? (9:10-11)
1. "¿Por qué come vuestro Maestro con los publicanos y pecadores?"
2. "¿Por qué vuestro Maestro habla con Mateo?"
3. "¿Por qué Mateo no nos invitó a comer?"

4 ¿Qué dijo Jesús a los fariseos? (9:13)
1. "Misericordia quiero, y no sacrificio".
2. "No he venido a llamar a justos, sino a pecadores".
3. Ambas respuestas son correctas.

5 ¿Qué hizo la mujer que había sangrado por 12 años? (9:20)
1. Tocó el brazo de Jesús.
2. Tocó el borde del manto de Jesús.
3. Le rogó a Jesús que la sanara.

6 ¿Cómo sanó Jesús a la hija del principal? (9:25)
1. La tomó de la mano y ella se levantó.
2. Oró por la hija y ella se levantó.
3. Le tocó la frente y ella se levantó.

7 ¿Qué hacía Jesús en todas las ciudades y aldeas? (9:35)
1. Les hablaba a los escribas.
2. Visitaba a sus familiares y amigos.
3. Enseñaba, predicaba y sanaba.

8 ¿Por qué Jesús tuvo compasión de las multitudes? (9:36)
1. Estaban enfermas y necesitaban sanidad.
2. **Estaban desamparadas como ovejas que no tienen pastor.**
3. Estaban pobres y necesitadas.

9 ¿Qué dijo Jesús a sus discípulos acerca de la mies? (9:37)
1. **La mies es mucha, mas los obreros pocos.**
2. La mies es poca, y hay demasiados obreros.
3. La mies es mucha. Vayan y tráiganla.

10 ¿Qué autoridad dio Jesús a sus 12 discípulos? (10:1)
1. **Les dio autoridad para echar fuera espíritus inmundos y sanar toda enfermedad y dolencia.**
2. Les dio autoridad para resucitar a los muertos.
3. Les dio autoridad para discernir el bien del mal.

PREGUNTAS PARA LA COMPETENCIA – NIVEL AVANZADO

A fin de preparar a los niños para la competencia, léales Mateo 9:9-13, 18-26, 35-38; 10:1-14.

1 ¿Quién vio a Mateo en el banco de los tributos públicos? (9:9)
1. **Jesús**
2. Los discípulos de Jesús
3. Un sumo sacerdote
4. Un gobernante romano

2 ¿Qué dijo Jesús a los fariseos en la casa de Mateo? (9:12-13)
1. "Los sanos no tienen necesidad de médico, sino los enfermos".
2. "Misericordia quiero, y no sacrificio".
3. "No he venido a llamar a justos, sino a pecadores".
4. **Todas las respuestas son correctas.**

3 ¿Quién dijo: "Mi hija acaba de morir; mas ven y pon tu mano sobre ella, y vivirá"? (9:18)
1. Un fariseo
2. **Un hombre principal**
3. Un centurión
4. Pedro

4 ¿Quiénes fueron con el principal cuya hija había muerto? (9:19)
1. **Jesús y sus discípulos**
2. Solamente Jesús
3. Jesús y algunos fariseos
4. Jesús y un doctor

5 ¿Quién tocó el borde del manto de Jesús mientras él iba a la casa del principal? (9:19-20)

1. Una mujer que estaba encorvada
2. Dos niños que jugaban
3. Un hombre con la mano seca
4. **Una mujer que había sangrado por 12 años**

6 ¿Qué dijo Jesús a los que tocaban flautas y a la gente en la casa del principal? (9:24)

1. "Apartaos, porque no pueden ayudar a esta niña muerta".
2. **"Apartaos, porque la niña no está muerta, sino duerme".**
3. "Apartaos, porque hacen mucho alboroto".
4. "Apartaos, porque el principal no los quiere aquí".

7 ¿Qué instrucciones dio Jesús a sus discípulos cuando los envió? (10:5-10)

1. No vayan a los gentiles ni a los samaritanos.
2. Prediquen que el reino de los cielos se ha acercado.
3. No lleven oro, ni plata, ni cobre en sus cintos.
4. **Todas las respuestas son correctas.**

8 ¿Qué debían hacer los discípulos de Jesús al entrar a una ciudad o aldea? (10:11)

1. Buscar la sinagoga y enseñar allí.
2. Buscar al sacerdote y presentarse a él.
3. **Buscar a una persona digna para alojarse en su casa.**
4. Buscar una posada donde pudieran alojarse.

9 ¿Qué debían hacer los discípulos si alguien no los recibía? (10:14)

1. Orar por la persona o ciudad y luego irse.
2. Suplicarle en el nombre de Jesús.
3. **Sacudir el polvo de sus pies al salir de la casa de esa persona o de esa ciudad.**
4. Incendiar la ciudad.

10 Terminen este versículo: "Entonces dijo a sus discípulos: A la verdad la mies es mucha, mas los obreros pocos. Rogad, pues, al Señor de la mies..." (Mateo 9:37-38)

1. "... que recoja pronto la mies".
2. "... que contrate obreros para su mies".
3. **"... que envíe obreros a su mies".**
4. "... que ayude a hacer el duro trabajo".

Lección 8

Mateo 11:1-11, 25-30; 12:1-14

Versículo para Memorizar

"Venid a mí todos los que estáis trabajados y cargados, y yo os haré descansar. Llevad mi yugo sobre vosotros, y aprended de mí" (Mateo 11:28-29a).

Verdad Bíblica

Jesús revela la verdad acerca de sí mismo y su reino a aquellos que lo buscan.

Propósito

Esta lección ayudará a los niños a comprender que, por medio de las obras maravillosas que hizo, Jesús reveló que era el Mesías.

Sugerencia para la Enseñanza

Al dar la lección bíblica, enfoque la atención en la respuesta de Jesús a las dudas de Juan, y cómo Dios se reveló por medio de los milagros de Jesús.

COMENTARIO BÍBLICO

Las declaraciones y acciones de Jesús a menudo eran inesperadas, y algunos no comprendían su significado. La forma en que la gente respondía a los métodos de Jesús generalmente revela sus motivos y actitudes hacia las cosas de Dios.

Juan el Bautista fue el mayor profeta de la era del Antiguo Pacto. Profetizó acerca del Mesías y oyó la voz de Dios proclamando que Jesús es su Hijo. Juan fue el cumplimiento de una profecía y obedeció el plan de Dios para su vida. A pesar de eso, Juan aún tenía preguntas acerca de Jesús.

Jesús le aseguró a Juan que Él era el Mesías. La evidencia de esto la podían ver los que estaban dispuestos a cambiar su perspectiva acerca del Mesías. Aquellos que creían que Jesús era el Mesías obtenían una nueva perspectiva de Dios.

Los fariseos también estaban conscientes de las señales mesiánicas que Jesús realizaba. A diferencia de Juan, ellos no estaban receptivos a una comprensión más profunda acerca de Dios. La perspectiva de Jesús en cuanto al día de reposo concordaba con el Antiguo Testamento. Eso no ocurría con la de los fariseos. Éstos estaban cegados a la comprensión correcta de la Escritura y los métodos de Jesús. La sanidad de la mano seca debería haberlos convencido de la autoridad de Jesús. Por el contrario, quisieron matarlo.

CARACTERÍSTICAS DE DIOS

- Jesús demostró que era el Mesías.
- Jesús quiere ayudar a los que están trabajados y cargados.

PALABRAS RELACIONADAS CON NUESTRA FE

Profeta es alguien a quien Dios escogió para que reciba y comunique sus mensajes.

OBJETOS

Día de reposo es el día que Dios apartó para que le adoremos y descansemos.

Yugo es un instrumento de madera que une a dos animales para que puedan trabajar juntos.

Ser humilde es enfocarse más en Dios y en otras personas que en uno mismo, y alabar a Dios por lo que hizo por nosotros.

ACTIVIDAD

Para esta actividad necesitará lo siguiente:
- Una pizarra (para tiza o marcadores)
- 26 pedazos de papel
- Tiza o marcadores especiales para pizarra
- Cinta adhesiva

Antes de la clase, escriba en la pizarra el versículo para memorizar. Use los pedazos de papel para cubrir cada palabra del versículo. Numere los papeles en orden.

Diga: **Hoy revelaremos el versículo que debemos memorizar para esta lección. Llamaré a uno de ustedes y me dirá un número. Entonces quitaré de la pizarra ese número. Después que lo retire, leeremos las palabras reveladas. Luego, la persona a quien llamé, dirá el nombre de otro miembro de la clase. Este mencionará otro número.**

Continúen hasta que los niños vean todas las palabras. Borre el versículo y pida a la clase que lo repita de memoria.

Diga: **Nosotros escogimos las palabras que revelaríamos en el versículo para memorizar. En la lección de hoy, aprenderemos cómo Jesús reveló su verdadera naturaleza por medio de sus milagros.**

LECCIÓN BÍBLICA

Antes de relatarla a los niños, estudie la siguiente historia adaptada de Mateo 11:1-11, 25-30; 12:1-14.

Jesús dio a sus discípulos muchas enseñanzas sobre cómo Dios quiere que vivan los seguidores de Jesús. Él y sus discípulos fueron a Galilea para enseñar y predicar allí.

Juan el Bautista oyó que Jesús estaba cerca. Entonces Juan envió a sus discípulos para que le preguntaran a Jesús: "¿Eres tú aquel que había de venir, o esperaremos a otro?"

Jesús les dijo: "Vayan y díganle a Juan que ahora los ciegos ven, los cojos andan, los leprosos están sanos, los sordos oyen y los muertos ahora viven".

Cuando se fueron los discípulos de Juan, Jesús le dijo a la gente: "¿Qué vinieron a ver en el desierto? ¿Una caña sacudida por el viento? Si no, ¿qué vinieron a ver? ¿A un hombre con ropas delicadas? No, porque un hombre con ropas delicadas vive en las casas de los reyes. ¿Vinieron a ver un profeta? Sí, así es, y vieron a uno que fue más que profeta. Vieron a Juan el Bautista, y nadie fue mayor que él. A pesar de eso, la persona menos importante en el reino de los cielos es mayor que él".

Jesús habló de su relación con Dios el Padre. Dijo: "Te alabo, Padre, Señor del

cielo y de la tierra. Tú revelaste tu naturaleza a los niños".

"Todas las cosas me entregaste, Padre. Nadie conoce al Hijo, sino el Padre, ni al Padre conoce alguno, sino el Hijo, y aquel a quien el Hijo lo quiera revelar".

Jesús sabía que a veces la gente estaba cansada. Él dijo: "Si se sienten cansados, vengan a mí y los haré descansar. Lleven mi yugo y aprendan de mí. Yo soy manso y humilde. Los haré descansar porque mi yugo es fácil y ligera mi carga".

Los líderes judíos tenían muchas reglas en cuanto al día de reposo. Un día de reposo, Jesús caminaba por los sembrados con sus discípulos. Los discípulos tuvieron hambre, y arrancaron espigas y las comieron. Al verlos los fariseos, le dijeron: "Tus discípulos no guardan el día de reposo. Hacen lo que no es lícito".

Jesús dijo: "Cuando David y sus hombres tuvieron hambre, comieron el pan del tabernáculo. De igual manera, la Escritura dice que los sacerdotes profanan el día de reposo. Sin embargo, son inocentes. Uno mayor que el templo está aquí. El Hijo del Hombre es Señor del día de reposo".

Jesús entró en la sinagoga y vio a un hombre con una mano atrofiada. Los fariseos buscaban una razón para acusar a Jesús, así que le preguntaron: "¿Es lícito sanar en el día de reposo?"

Jesús respondió: "Si una oveja de ustedes cae en un hoyo en un día de reposo, ustedes la sacan de allí. Un hombre vale mucho más que una oveja. Por tanto, es lícito hacer el bien en los días de reposo".

Entonces Jesús le dijo al hombre: "Extiende tu mano". El hombre la extendió y estaba sana. Los fariseos se enojaron por esto y conspiraron para matar a Jesús.

Pida a los alumnos que respondan las siguientes preguntas. No hay respuestas correctas o erradas. Estas preguntas ayudarán a los niños a entender la historia y aplicarla a sus vidas.

1. ¿Por qué Juan quería saber si Jesús era el Mesías? ¿Alguna vez le han pedido a Dios que les ayude a saber o entender algo? ¿Qué era?
2. Jesús demostró que era el Mesías cuando hizo milagros. ¿De qué otras formas mostró Jesús que era el Mesías?
3. Jesús confrontó a los fariseos en Mateo 12:1-14. ¿Cómo creen que se sintieron los fariseos? ¿Alguna vez alguien los ha confrontado? ¿Cómo se sintieron?

Diga: ¿Hay momentos en sus vidas cuando se sienten confundidos? A menudo la gente se confundía en cuanto a quién es Dios. Quizás estaban confundidos acerca de cómo quería Dios que vivieran. Así como Juan permitió que Jesús aclarara su confusión sobre quién era Él, Jesús puede ayudarnos también. Si leemos la Biblia, oramos y aceptamos a Jesús como el Hijo de Dios, podemos tener una perspectiva más clara de quién es Dios. También podemos entender mejor cómo debemos vivir.

VERSÍCULO PARA MEMORIZAR

Enseñe el versículo para memorizar de esta lección. Encontrará sugerencias de Actividades para Enseñar el Versículo para Memorizar en las páginas 140-141.

ACTIVIDADES ADICIONALES

Elija una de las siguientes opciones para que los niños mejoren su estudio de la Biblia.

1. Cuando Juan estaba en la cárcel, recibió ánimo de Jesús. Como clase, piensen en maneras en que pueden animar a la gente. Escriban mensajes a dos personas de su iglesia o comunidad para animarlas.
2. Dialoguen sobre si Dios hace milagros hoy en día. Pida a los niños que pregunten a algunos adultos si saben de algún milagro que Dios ha realizado. Permita que los niños den un informe de los resultados.

PREGUNTAS PARA LA COMPETENCIA – NIVEL BÁSICO

A fin de preparar a los niños para la competencia, léales Mateo 11:1-11, 25-30; 12:1-14.

1 **¿Quién oyó en la cárcel lo que Cristo había hecho?** (11:2)
1. Pedro y Jacobo
2. Jacobo y Juan
3. **Juan el Bautista**

2 **¿Qué hizo Juan el Bautista cuando oyó lo que Jesús había hecho?** (11:2-3)
1. **Envió a sus discípulos para que hablaran con Jesús.**
2. Se escapó de la cárcel para ver a Jesús.
3. Alabó a Dios por todo lo que hizo Jesús.

3 **¿Qué le preguntaron los discípulos de Juan a Jesús?** (11:3)
1. "¿Cuándo morirás en la cruz por nosotros?"
2. **"¿Eres tú aquel que había de venir, o esperaremos a otro?**
3. Ambas respuestas son correctas.

4 **Según Jesús, ¿cuál profecía del Antiguo Testamento habla de Juan el Bautista?** (11:10)
1. "Yo lo haré un gran profeta".
2. **"Yo envío mi mensajero delante de tu faz".**
3. "Algún día él usará vestiduras delicadas".

5 **¿Qué invitación hizo Jesús a la gente?** (11:28)
1. "Venid a mí todos los que estáis pobres, y yo supliré sus necesidades".
2. "Venid a mí todos los que tenéis hambre, y yo los alimentaré".
3. **"Venid a mí todos los que estáis trabajados y cargados, y yo os haré descansar".**

6 **¿Qué dijo Jesús acerca de su yugo y su carga?** (11:30)
1. **"Mi yugo es fácil, y ligera mi carga".**
2. "Mi yugo y mi carga se ajustan perfectamente para todos".
3. "Mi yugo y mi carga les hará fuertes".

7 ¿Qué hicieron los discípulos de Jesús en un día de reposo cuando tuvieron hambre? (12:1)

1. Arrancaron espigas y comieron.
2. Convirtieron las piedras en pan.
3. Fueron al lago para pescar.

8 Según Jesús, ¿quién es Señor del día de reposo? (12:8)

1. Dios el Padre
2. Los ángeles del cielo
3. El Hijo del Hombre

9 Cuando Jesús fue a la sinagoga, ¿cuál persona especial estaba allí? (12:9-10)

1. El sumo sacerdote de Jerusalén
2. Un hombre con la mano seca
3. Una mujer que había estado ciega por 12 años

10 ¿Cómo respondió Jesús a los fariseos cuando preguntaron si era lícito sanar en el día de reposo? (12:10, 12)

1. "Yo nunca sano en el día de reposo".
2. "A veces es correcto sanar en el día de reposo".
3. "Es lícito hacer el bien en el día de reposo".

PREGUNTAS PARA LA COMPETENCIA – NIVEL AVANZADO

A fin de preparar a los niños para la competencia, léales Mateo 11:1-11, 25-30; 12:1-14.

1 ¿Dónde estaba Juan el Bautista cuando oyó lo que Cristo había hecho? (11:2)

1. En la cárcel
2. En la corte de Herodes
3. En el desierto
4. En la casa de sus padres

2 ¿Cuál de estas respuestas dio Jesús a los discípulos de Juan para que le informaran? (11:4-5)

1. "Los ciegos ven".
2. "Los leprosos son limpiados".
3. "Los muertos son resucitados, y a los pobres es anunciado el evangelio".
4. Todas las respuestas son correctas.

3 ¿Cómo describió Jesús a Juan el Bautista? (11:11)

1. "Es el mejor amigo que uno pudiera desear".
2. "Entre los que nacen de mujer no se ha levantado otro mayor que Juan el Bautista".
3. "Yo soy profeta, pero Juan es más que profeta".
4. Todas las respuestas son correctas.

4 ¿Cuál de estas invitaciones hizo Jesús a la gente? (11:29)

1. Que narraran algunas parábolas
2. Que llevaran su yugo y aprendieran de Él
3. Que montaran un asno
4. Todas las respuestas son correctas.

5 ¿Quiénes arrancaron y comieron espigas en un día de reposo? (12:1)

1. Jesús y sus discípulos
2. Jesús y una multitud de gente
3. **Los discípulos de Jesús**
4. Los discípulos y sus esposas

6 ¿Qué dijeron los fariseos a Jesús cuando sus discípulos arrancaron y comieron espigas en el día de reposo? (12:2)

1. **"Tus discípulos hacen lo que no es lícito hacer en el día de reposo".**
2. "Tus discípulos son muy sabios".
3. "Tus discípulos violaron las leyes de nuestra nación".
4. "Tus discípulos no deberían comer tanto".

7 ¿Qué respondió Jesús cuando los fariseos dijeron que los discípulos habían violado el día de reposo? (12:3-8)

1. "David comió los panes de la proposición que sólo los sacerdotes debían comer".
2. "Los sacerdotes profanan el día de reposo pero son inocentes".
3. "Uno mayor que el templo está aquí".
4. **Todas las respuestas son correctas.**

8 ¿Qué hizo Jesús por el hombre con la mano seca? (12:13)

1. **Le dijo que extendiera la mano y la sanó.**
2. Le extendió la mano hasta el largo correcto.
3. Oró por el hombre y le sanó la mano.
4. No hizo nada porque era día de reposo.

9 Después que Jesús sanó al hombre con la mano seca, ¿qué hicieron los fariseos? (12:14)

1. Glorificaron a Dios.
2. Dieron gracias a Jesús por este milagro.
3. **Tuvieron consejo para decidir cómo matar a Jesús.**
4. Se enojaron y reprendieron a Jesús.

10 Terminen este versículo: "Venid a mí todos los que estáis trabajados y cargados..." (11:28-29a)

1. "... y yo os daré paz. Aprended de mis enseñanzas".
2. "... y yo os daré descanso. Venid cuando necesitéis descanso".
3. "... y hallaréis descanso para vuestras almas".
4. **"... y yo os haré descansar. Llevad mi yugo sobre vosotros, y aprended de mí".**

Lección 9

Mateo 13:1-23, 31-35, 44-46, 53-58

Versículo para Memorizar

"Mas buscad primeramente el reino de Dios y su justicia, y todas estas cosas os serán añadidas" (Mateo 6:33).

Verdad Bíblica

Dios quiere que entendamos cómo es su reino, y Jesús usó parábolas para enseñar estas verdades.

Propósito

En esta lección, los niños aprenderán que Jesús comparó el reino de los cielos con muchas cosas para que lo entendiéramos mejor.

Sugerencia para la Enseñanza

Al dar la lección bíblica, ayude a los niños a entender la diferencia entre los distintos tipos de terreno. Como clase, busquen ejemplos de cómo viviría y actuaría una persona de cada categoría.

COMENTARIO BÍBLICO

Los discípulos le preguntaron a Jesús por qué enseñaba por parábolas. Las parábolas eran buenas ilustraciones del reino. Los que no creían seriamente en Jesús no entendían su significado. Algunos de los que escuchaban a Jesús eran obstinados, sólo causaban problemas y encontraban fallas en todos. Oían las palabras de Jesús y veían sus milagros, pero no oían ni veían quién era Jesús realmente.

Los discípulos a menudo no entendían las parábolas. Sin embargo, a diferencia de los que estaban espiritualmente ciegos y sordos, los discípulos prestaban atención y preguntaban qué significaban. Realmente amaban a Jesús y querían obedecerle. Deseaban aprender acerca de Dios y entender mejor a Jesús.

Jesús quiere que procuremos diligentemente comprender quién es Él. Quiere que le obedezcamos y que digamos a otros cómo pueden ser parte del reino de Dios.

CARACTERÍSTICAS DE DIOS

- Dios nos da la Biblia para ayudarnos a entender cómo podemos obedecerle.

PALABRAS RELACIONADAS CON NUESTRA FE

Parábola es una historia que usa cosas conocidas para enseñar una lección especial. Jesús usó **parábolas** para explicar ideas acerca de Dios o su reino.

ACTIVIDAD

Para esta actividad necesitará lo siguiente:
- Pedazos de papel (el doble del número de niños en su clase)
- Un lapicero (bolígrafo), lápiz o marcador

Antes de la clase, en pedazos de papel escriba cosas o personas que los niños consideren valiosas. Incluya palabras como alimentos, moradas, Dios y familia. Doble los papeles por la mitad.

Durante la clase, indique a los niños que se sienten formando un círculo. Luego pida que cada uno tome un papel. Cada niño o niña puede decidir si se quedará con su papel, o si lo cambiará con otro, posiblemente para recibir otro papel con algo que podría ser más valioso. Permita que abran los papeles y lean las palabras que encuentren en ellos. Hablen sobre el valor de cada objeto o cada persona.

Diga: **¿A cambio de qué gastarían todo su dinero? ¿Qué harían con ese objeto para mantenerlo seguro?**

Léales Mateo 13:44-46 a los niños. Diga: **¿Qué hicieron las personas en la historia con sus objetos valiosos? ¿Qué creen que quiso decir Jesús cuando comparó esos objetos con el reino de los cielos?** (El reino de los cielos es tan valioso que deberíamos dejar todo para recibirlo).

LECCIÓN BÍBLICA

Antes de relatarla a los niños, estudie la siguiente historia adaptada de Mateo 13:1-23, 31-35, 44-46, 53-58.

Jesús se sentó junto al mar y le hablaba a la gente. Pronto una gran multitud se reunió alrededor de Él en la playa, así que entró en una barca y se sentó allí para enseñar. Le dijo a la gente muchas cosas en parábolas. Una parábola es una historia que usa cosas conocidas para enseñar una lección espiritual.

Jesús dijo: "Un sembrador salió a sembrar. Parte de la semilla cayó junto al camino, y vinieron las aves y se la comieron. Parte de la semilla cayó en pedregales, donde no había mucha tierra. Allí las plantas se secaron porque no tenían raíz. Otra parte cayó entre espinos, pero éstos crecieron y ahogaron las plantas. Otra parte cayó en buena tierra y dio fruto: cien, sesenta o treinta veces más que la semilla". Entonces Jesús dijo: "El que tiene oídos para oír, oiga".

Los discípulos le preguntaron a Jesús por qué hablaba a la gente por parábolas. Jesús dijo: "Ellos oyen pero no entienden. El corazón de este pueblo se ha engrosado". Después dijo a los discípulos que ellos reciben bendición porque ven, oyen y entienden.

Luego Jesús explicó la parábola del sembrador. Cuando alguien oye el mensaje del reino pero no lo entiende, el malo viene y se roba el mensaje. Es como la semilla sembrada junto al camino. La semilla que cayó en pedregales es como alguien que oye la palabra y la recibe con gozo. Sin embargo, como una planta sin raíz, cuando vienen los problemas, pronto cae. La semilla que cayó entre los espinos es como la persona que oye la palabra, pero las preocupaciones de la vida ahogan el mensaje y

por eso no da fruto. Pero, la persona que recibe la palabra, la entiende, y permite que crezca y dé fruto, es como la semilla que cayó en buena tierra.

Después Jesús relató a la gente otra parábola. Dijo: "El reino de los cielos es como un grano de mostaza que un hombre sembró en su campo. Es una semilla pequeña pero crece hasta ser un árbol grande, de modo que las aves hacen nidos en sus ramas".

El reino de los cielos es también como la levadura que se mezcla en la masa y hace que ésta crezca.

Jesús habló todo esto a la gente por parábolas. No les dijo nada sin usar parábolas.

Jesús dijo: "El reino de los cielos es como un tesoro que alguien escondió en un campo. Cuando un hombre lo halló, lo escondió otra vez. Entonces, con gozo vendió todo lo que poseía y compró ese campo. El reino de los cielos es como un mercader que busca buenas perlas. Cuando encontró una de gran valor, él fue y vendió todo lo que tenía, y la compró".

Después que Jesús terminó de decir estas parábolas, fue a su ciudad para enseñar a la gente. Todos se maravillaban de su sabiduría y los milagros que hacía. Sin embargo, sólo lo veían como el hijo de María y José. Jesús dijo: "No hay profeta sin honra, sino en su propia tierra y en su casa". Allí Jesús no hizo muchos milagros porque la gente no tenía fe.

Pida a los alumnos que respondan las siguientes preguntas. No hay respuestas correctas o erradas. Estas preguntas ayudarán a los niños a entender la historia y aplicarla a sus vidas.

1. ¿Cómo se relaciona la parábola del sembrador con sus vidas y la forma en que reaccionan ante Dios? ¿Cuál tipo de tierra son ustedes?
2. ¿Cómo se relaciona el reino de los cielos con un grano de mostaza y con la levadura?
3. ¿Por qué a Jesús no lo aceptaron en su ciudad? ¿Piensan que esto les sucede a los ministros o a otras personas en estos tiempos? Relaten algún ejemplo que conozcan.

Diga: **Jesús usó parábolas para enseñarle a la gente acerca de su reino. Las parábolas usaban ejemplos y objetos que la gente conocía. Para que entendieran el significado más profundo, sus mentes tenían que recibir la lección que Jesús les enseñaba.**

La Palabra de Dios se extenderá por el mundo. Todos harán la decisión de creer o no creer. Jesús quiere que elijamos seguirlo a Él. ¿Cuál decisión han hecho ustedes?

VERSÍCULO PARA MEMORIZAR

Enseñe el versículo para memorizar de esta lección. Encontrará sugerencias de Actividades para Enseñar el Versículo para Memorizar en las páginas 140-141.

ACTIVIDADES ADICIONALES

Elija una de las siguientes opciones para que los niños mejoren su estudio de la Biblia.

1. Como clase, planten algunos frijoles o semillas de césped. Mientras lo hacen, pre-

gunte a los niños: **¿Qué necesita una planta para crecer? ¿Por qué Jesús comparó el reino de los cielos con semillas que cayeron en distintos tipos de tierra?** Como clase, cuiden las semillas hasta que germinen y se formen las plantas. Cuando crezcan, anime a los niños a mostrarle una planta a alguien y contarle la parábola de las semillas.

2. Estudie la importancia de un grano o semilla de mostaza. Pregunte: **¿Cuánto pueden cosechar de una planta que creció de la semilla de mostaza? ¿Por qué Jesús comparó el reino de los cielos con un grano de mostaza?** Estudie también la importancia de la levadura. Si es posible, prepare dos veces una receta de pan que use levadura; la primera vez hágalo con la levadura, y la segunda sin ella. Pregunte: **¿Cuál es la diferencia y cuál es la semejanza entre los dos panes? ¿Por qué Jesús comparó el reino de los cielos con la levadura?**

PREGUNTAS PARA LA COMPETENCIA – NIVEL BÁSICO

A fin de preparar a los niños para la competencia, léales Mateo 13:1-23, 31-35, 44-46, 53-58.

1 ¿Quién salió a sembrar sus semillas? (13:3)
1. La esposa de un sembrador
2. **Un sembrador**
3. Un sembrador y su hijo

2 ¿Qué pasó con la semilla que cayó junto al camino? (13:4)
1. La gente caminó sobre ella.
2. **Las aves se la comieron.**
3. Ambas respuestas son correctas.

3 ¿Qué pasó con la semilla que cayó entre espinos? (13:7)
1. Los espinos se comieron la planta.
2. Los espinos y las semillas crecieron bien juntos.
3. **Los espinos ahogaron la planta.**

4 ¿Qué pasó con la semilla que cayó en buena tierra? (13:8)
1. Dio fruto: el doble que la semilla.
2. **Dio fruto: a ciento, sesenta y treinta por uno.**
3. Dio fruto: 300 veces más que la semilla.

5 Según Jesús, ¿por qué enseñaba a la gente por parábolas? (13:15)
1. La gente no comprendía las historias reales.
2. A la gente le gustaban las parábolas.
3. **El corazón de la gente se había engrosado.**

6 La semilla que cayó en buena tierra produjo más semilla. ¿A quién describe esto? (13:8, 23)
1. **Al que oye la Palabra de Dios y la entiende.**
2. Al que usa poderes mágicos.
3. Ambas respuestas son correctas.

7 ¿Qué pasa con el grano de mostaza cuando lo siembran? (13:32)
1. Se seca y muere porque no tiene raíz.
2. Crece y llega a ser una planta pequeña.
3. **Crece y es un árbol grande donde las aves hacen nido en sus ramas.**

8 Cuando un hombre halló un tesoro escondido en un campo, ¿qué hizo él? (13:44)
1. Escondió el tesoro de nuevo.
2. Vendió todo lo que poseía y compró el campo donde estaba el tesoro.
3. **Ambas respuestas son correctas.**

9 Cuando Jesús fue a su ciudad, ¿qué hacía allí? (13:54)
1. **Enseñaba a la gente en la sinagoga.**
2. Visitaba a sus parientes y amigos.
3. Hablaba con el sacerdote en la sinagoga.

10 ¿Cómo reaccionaba la gente de la ciudad de Jesús al oír sus enseñanzas? (13:54, 57)
1. Se maravillaban.
2. Se escandalizaban de Él.
3. **Ambas respuestas son correctas.**

PREGUNTAS PARA LA COMPETENCIA – NIVEL AVANZADO

A fin de preparar a los niños para la competencia, léales Mateo 13:1-23, 31-35, 44-46, 53-58.

1 Jesús usaba historias para enseñarle a la gente. ¿Qué clase de historias usaba? (13:3)
1. **Parábolas**
2. Cuentos de hadas
3. Lecciones de historia
4. Historias reales acerca de los discípulos

2 ¿Cuál semilla brotó pronto porque no tenía profundidad de tierra? (13:5)
1. **La que cayó en pedregales**
2. La que cayó en buena tierra
3. La que cayó junto al camino
4. La que cayó entre espinos

3 ¿Quién es como la semilla que cayó entre espinos? (13:22)
1. **El que oye la palabra, pero el afán de este siglo y el engaño de las riquezas la ahogan y no da fruto.**
2. El que es tan perezoso que no arranca la mala hierba de su campo.
3. El que no tiene suficiente dinero para cuidar bien su campo.
4. Todas las respuestas son correctas.

4 ¿A quién representa la semilla que cayó en buena tierra? (13:23)
1. Al que vive bien y hace muchas obras buenas
2. Al que es 100, 60 o 30 veces mejor que otras personas
3. A aquel cuya bondad es igual a la bondad de Dios
4. **Al que oye la Palabra de Dios, la entiende y da mucho fruto.**

5 ¿A qué comparó Jesús el reino de los cielos? (13:31, 33)

1. Un grano de mostaza y un grano de trigo
2. Un grano de mostaza y levadura
3. Harina y levadura
4. Sal y pimienta

6 ¿Qué hizo el hombre que halló el tesoro escondido? (13:44)

1. Lo escondió de nuevo, vendió todo lo que poseía y compró el campo donde estaba el tesoro.
2. Lo desenterró y se lo llevó.
3. Le compró el tesoro al dueño del campo.
4. Lo dejó en el campo porque el tesoro no era suyo.

7 ¿Cómo reaccionaba la gente cuando Jesús enseñaba en su ciudad? (13:54, 57)

1. Se maravillaban y le pedían que hablara otra vez.
2. Se maravillaban y se escandalizaban de Él.
3. Se escandalizaban de Él y trataban de matarlo.
4. Lo llamaban "profeta sin honra".

8 ¿Qué decía acerca de Jesús la gente de su ciudad? (13:55-56)

1. ¿No es éste el hijo del carpintero?
2. ¿No son sus hermanos Jacobo, José, Simón y Judas?
3. ¿De dónde, pues, tiene éste todas estas cosas?
4. Todas las respuestas son correctas.

9 ¿Por qué Jesús no hizo muchos milagros en su ciudad? (13:58)

1. Por la incredulidad de la gente.
2. La gente no quería milagros.
3. La gente confiaba en Dios pero no confiaba en Jesús.
4. No había tiempo para hacer milagros.

10 Terminen este versículo: "Mas buscad primeramente el reino de Dios y su justicia..." (Mateo 6:33)

1. "... y Dios responderá todas sus oraciones".
2. "... y seréis personas muy rectas".
3. "... y todas estas cosas os serán añadidas".
4. "... y tendréis larga vida en la tierra que Jehová, su Dios, os prometió".

Lección 10

Mateo 14:1-36

Versículo para Memorizar

"Echa sobre Jehová tu carga, y él te sustentará; no dejará para siempre caído al justo" (Salmos 55:22).

Verdad Bíblica

Puesto que Jesús cuida de nosotros, podemos confiar en Él.

Propósito

Esta lección ayudará a los niños a comprender que Jesús cuida de nosotros. Por eso es digno de nuestra confianza.

Sugerencia para la Enseñanza

Al dar la lección bíblica, enfoque la enseñanza en cómo los milagros de Jesús mostraban que Él cuidaba de la gente. Jesús cuidaba de ellos aun cuando estaba agotado y necesitaba pasar un tiempo a solas.

COMENTARIO BÍBLICO

Cuando Jesús oyó sobre la muerte de Juan el Bautista, se fue a "un lugar desierto y apartado". Probablemente deseaba pasar tiempo en oración con Dios y llorar la muerte de Juan. Sin embargo, cuando llegó, una multitud ya lo esperaba allí. Jesús tuvo compasión de ellos.

Jesús les dijo a los discípulos que alimentaran a la gente. Los discípulos no tenían suficiente alimento para todos. Pero, obedeciendo su mandato, le mostraron a Jesús las escasas provisiones que tenían. Él alabó a Dios por proveerles los panes y peces, y los partió. Luego dio los pedazos a los discípulos, quienes los sirvieron a la multitud. Hubo suficiente alimento para todos y lo que sobró fue abundante.

CARACTERÍSTICAS DE DIOS

- Jesús cuida de nosotros y puede suplir para nuestras necesidades.
- Jesús es digno de nuestra confianza.

PALABRAS RELACIONADAS CON NUESTRA FE

Compasión es una preocupación que nos compele a ayudar a otros.

PERSONAS

El rey **Herodes** era Herodes Antipas, hermanastro del rey Felipe.

Juan el Bautista fue el que preparó el camino para Jesús. Predicaba sobre la necesidad de arrepentirse.

Un **tetrarca** era el que gobernaba la cuarta parte de un reino o territorio.

Herodías era la ex esposa del rey Felipe. Se casó con Herodes Antipas.

LUGARES

Genesaret era un llano estrecho de aproximadamente cuatro millas de largo (6.5 kms.) y dos millas de ancho (3 kms.), en la ribera noroeste del mar de Galilea.

OBJETOS

Un **juramento** es una promesa.

Un **lugar desierto y apartado** es un lugar adonde alguien va para estar a solas.

La **cuarta vigilia** eran las horas entre las 3:00 a.m. y 6:00 a.m.

ACTIVIDAD

Para esta actividad necesitará lo siguiente:
- Una silla pequeña
- Una venda para los ojos
- Dos adultos voluntarios

Antes de la clase, explique la actividad a los adultos voluntarios. Éstos sostendrán la silla entre ellos, a seis pulgadas (15 centímetros) del piso. Un niño voluntario, con los ojos vendados, se sentará en la silla y colocará sus manos en los hombros de los adultos. Éstos pretenderán estar elevando la silla. En realidad la mantendrán en el mismo lugar, pero poco a poco se pondrán en cuclillas o de rodillas. Así el niño o la niña sentirá como si estuviera elevándose en el aire.

Dígale al niño o niña: **Cuando Jesús caminó sobre el mar, invitó a Pedro a que lo siguiera. Pedro no sabía qué pasaría, pero siguió a Jesús. ¡Ahora tú tomarás un paso de fe! ¡Salta de la silla al suelo!** Prepárese para sujetar al niño o niña en caso de que tambalee.

Diga: **Pedro tuvo miedo cuando vio las olas alrededor de él. Olvidó que Jesús lo cuidaría. Hoy aprenderemos cómo Jesús cuida de todos nosotros.**

LECCIÓN BÍBLICA

Antes de relatarla a los niños, estudie la siguiente historia adaptada de Mateo 14:1-36.

El rey Herodes oyó de los grandes milagros que Jesús había hecho. Entonces dijo: "Este es Juan el Bautista; ha resucitado de los muertos".

El rey Herodes dijo esto porque antes él había ordenado que arrestaran a Juan y lo metieran en la cárcel. Herodes encarceló a Juan para complacer a Herodías, la esposa de Felipe, hermano de Herodes. Herodías no quería a Juan porque éste le había dicho a Herodes: "No es lícito que tengas a Herodías como tu esposa". Herodes quería matar a Juan pero le temía a la gente. La gente creía que Juan era profeta.

El día del cumpleaños de Herodes, la hija de Herodías danzó para él. A Herodes le gustó tanto que juró darle cualquier cosa que ella quisiera. Entonces Herodías le dijo a su hija que pidiera la cabeza de Juan el Bautista en un plato. Ese pedido entristeció a Herodes, pero cumplió su promesa. Ordenó a sus hombres que decapitaran a Juan. Un oficial trajo la cabeza de Juan a Herodías y a su hija. Los discípulos de Juan enterraron su cuerpo y después le contaron a Jesús lo que había pasado.

Al oír Jesús lo que había pasado con Juan, se fue a un lugar desierto y apartado. La gente, al saber a dónde iba Jesús, lo siguió hasta allí. Cuando Jesús vio la gran multitud, tuvo compasión de ellos y sanó a los que estaban enfermos.

Al anochecer, los discípulos vinieron a Jesús y le dijeron: "Ya es tarde y este lugar es desierto. Envía a la gente para que vaya a comprarse algo de comer".

Jesús respondió: "Ellos no necesitan irse. Ustedes denles de comer".

Los discípulos dijeron: "Sólo tenemos cinco panes y dos peces".

Jesús dijo: "Tráiganmelos acá". Luego mandó a la gente que se recostara sobre la hierba. Jesús dio gracias a Dios por los panes y los peces, y los partió en pedazos. Después dijo a los discípulos que distribuyeran los alimentos a la multitud. La gente comió todo cuanto deseó. Cuando recogieron lo que había quedado, llenaron doce canastas. En total habían alimentado a cinco mil hombres, más las mujeres y los niños.

Jesús envió a sus discípulos en una barca. Él se quedó despidiendo a la multitud y después subió al monte a orar. La barca estaba lejos de tierra, y el viento comenzó a soplar con fuerza. Las olas y el viento azotaban la barca.

En la madrugada, Jesús caminó sobre el mar para llegar a donde estaban los discípulos. Éstos pensaron que Jesús era un fantasma y tuvieron miedo. Jesús dijo: "Yo soy, no temáis".

Pedro le dijo: "Señor, si eres tú, manda que yo vaya a ti sobre las aguas".

Jesús dijo: "Ven".

Entonces Pedro se bajó de la barca y caminó hacia Jesús. Pero, al ver el viento y las olas, tuvo temor y empezó a hundirse. Pedro clamó: "¡Señor, sálvame!"

Al instante Jesús extendió la mano y sujetó a Pedro. Después le dijo: "¡Hombre de poca fe! ¿Por qué dudaste?"

Cuando Jesús y Pedro subieron en la barca, el viento y las olas se calmaron. Los discípulos dijeron: "Verdaderamente eres Hijo de Dios".

Al llegar a la otra ribera del mar, Jesús y los discípulos fueron a Genesaret. Los hombres del lugar reconocieron a Jesús y enviaron la noticia a otros. La gente trajo a sus enfermos a Jesús, y todos los que lo tocaban, quedaban sanos.

Pida a los alumnos que respondan las siguientes preguntas. No hay respuestas correctas o erradas. Estas preguntas ayudarán a los niños a entender la historia y aplicarla a sus vidas.

1. ¿Cómo creen que se sintió Jesús al oír que Juan había muerto? ¿Ha fallecido alguien a quien ustedes querían mucho? ¿Por qué después Jesús necesitó orar?

2. Jesús alimentó a una gran multitud con sólo cinco panes y dos peces. ¿Cómo creen que se sintió la multitud al ver ese milagro? ¿Alguna vez han visto ustedes algo milagroso? ¿Cómo se sintieron?

3. ¿Por qué Jesús invitó a Pedro a caminar sobre el agua? ¿Han sentido alguna vez que Dios les pedía hacer algo difícil? ¿Cómo se sintieron al respecto?

Diga: ¿Cómo saben si alguien cuida de ustedes o les ama? ¿Cómo muestra la gente su amor y preocupación por otros? La gente muestra que cuida de otros cuando comparte con ellos. También muestra su cuidado cuando pasa tiempo con ellos. **En la lección de hoy vimos que Jesús, con sus actos de compasión, mostró que cuidaba de la gente. Sanó a los enfermos y alimentó a los que tenían hambre.**

En medio de las preocupaciones de la vida, Jesús viene a nosotros con su amor y compasión. Nos extiende la mano, tal como lo hizo con Pedro. Jesús se preocupa por cada uno de nosotros y desea lo mejor para nuestras vidas. Jesús quiere que confiemos en Él.

VERSÍCULO PARA MEMORIZAR

Enseñe el versículo para memorizar de esta lección. Encontrará sugerencias de Actividades para Enseñar el Versículo para Memorizar en las páginas 140-141.

ACTIVIDADES ADICIONALES

Elija una de las siguientes opciones para que los niños mejoren su estudio de la Biblia.

1. Como clase, estudien sobre el mar de Galilea. ¿Cuál fue su importancia en el tiempo de Jesús? ¿Qué importancia tiene actualmente?
2. Pedro siguió a Jesús caminando sobre el agua. Como clase, busquen otros ejemplos que muestren el carácter impetuoso de Pedro. Algunos pasajes que sugerimos son: Mateo 16:13-20; 26:31-35, 50-51; Juan 13:6-8. ¿Qué cambios hubo en Pedro gracias al tiempo que pasó con Jesús?

PREGUNTAS PARA LA COMPETENCIA – NIVEL BÁSICO

A fin de preparar a los niños para la competencia, léales Mateo 14:1-36.

1 ¿Qué le hizo Herodes a Juan el Bautista? (14:1, 3)
1. Lo arrestó y lo golpeó.
2. Discutió con él acerca de Herodías.
3. Lo arrestó y lo metió en la cárcel.

2 En el cumpleaños de Herodes, ¿qué hizo la hija de Herodías para él? (14:6)
1. Cantó para él.
2. Danzó para él.
3. Cocinó para él.

3 ¿Por qué Herodes aceptó darle a la hija de Herodías la cabeza de Juan el Bautista en un plato? (14:9)
1. Por su juramento y por sus invitados a la mesa
2. Porque estaba contento de deshacerse de Juan
3. Porque amaba a la hija de Herodías

4 ¿Qué pasó cuando Jesús vio la gran multitud que lo siguió a un lugar apartado? (14:14)
1. Tuvo compasión de ellos.
2. Sanó a sus enfermos.
3. Ambas respuestas son correctas.

5 Cuando anochecía, ¿qué le dijeron los discípulos a Jesús? (14:15)
1. **"Despide a la multitud, para que vayan a comprar de comer".**
2. "Alimenta a la multitud con cinco panes y dos peces".
3. Ambas respuestas son correctas.

6 ¿Qué hizo Jesús antes de partir los cinco panes? (14:19)
1. Mostró los panes a la multitud.
2. **Levantó los ojos al cielo y bendijo.**
3. Ambas respuestas son correctas.

7 ¿Cuántas personas comieron los cinco panes y dos peces? (14:21)
1. 5,000 personas
2. **5,000 hombres más las mujeres y los niños**
3. Los discípulos de Jesús, algunas mujeres y algunos niños

8 Cuando Jesús caminó sobre el mar, ¿qué le pidió Pedro a Jesús? (14:28)
1. "Enséñame a caminar sobre el agua".
2. "Entra en el bote y sálvanos".
3. **"Manda que yo vaya a ti sobre las aguas".**

9 Cuando Pedro vio el fuerte viento, ¿qué sucedió? (14:30)
1. **Tuvo miedo y comenzó a hundirse.**
2. Trató de volar a través del viento.
3. Levantó las manos.

10 Cuando Jesús llegó a Genesaret, ¿qué hizo la gente? (14:35-36)
1. Trajeron a sus enfermos y los dejaron con Jesús.
2. **Le rogaban a Jesús que dejase a los enfermos tocar el borde de su manto.**
3. Ambas respuestas son correctas.

PREGUNTAS PARA LA COMPETENCIA – NIVEL AVANZADO

A fin de preparar a los niños para la competencia, léales Mateo 14:1-36.

1 ¿Por qué Herodes no mató a Juan el Bautista la primera vez que quiso hacerlo? (14:5)
1. **Temía al pueblo porque pensaban que Juan era profeta.**
2. Deseaba hablar con Juan.
3. Esperaba una buena oportunidad para matarlo.
4. Secretamente le gustaba la predicación de Juan.

2 ¿Qué le pidió a Herodes la hija de Herodías? (14:8)
1. Ser la reina de Herodes
2. Que le permitiera casarse con Juan el Bautista
3. Oro y joyas para ella
4. **La cabeza de Juan el Bautista en un plato**

3 ¿A quién presentó la hija de Herodías la cabeza de Juan el Bautista? (14:11)

1. Herodes
2. Los discípulos de Juan
3. **Su madre**
4. Jesús

4 ¿Cuánto alimento tenían los discípulos? (14:17)

1. **Cinco panes y dos peces**
2. Dos panes y cinco peces
3. Cuatro panes y tres peces
4. Siete panes y tres peces

5 ¿Qué hizo Jesús antes de partir los panes? (14:19)

1. Mandó a la gente que se recostara sobre la hierba.
2. Levantó los ojos al cielo.
3. Bendijo.
4. **Todas las respuestas son correctas.**

6 ¿Qué hizo Jesús después de alimentar a los 5,000? (14:23)

1. Entró en una barca para ir a la otra ribera del mar.
2. Fue más lejos en el desierto a orar.
3. **Subió al monte a orar aparte.**
4. Fue a la ciudad más cercana para dormir.

7 ¿Qué dijo Jesús a sus discípulos temerosos que lo vieron caminar sobre el mar? (14:27)

1. **"¡Tened ánimo; yo soy, no temáis!"**
2. "No temáis. Vengan a mí caminando sobre las aguas".
3. "¡Tened ánimo! Estos vientos pronto se calmarán.
4. Todas las respuestas son correctas.

8 ¿Por qué Pedro comenzó a hundirse cuando iba hacia Jesús sobre el mar? (14:30)

1. Vio un fantasma.
2. **Vio el fuerte viento y tuvo miedo.**
3. Los discípulos le gritaron.
4. No veía a Jesús.

9 ¿Qué hizo la gente de Genesaret cuando Jesús llegó allí? (14:34-35)

1. Reconocieron a Jesús.
2. Enviaron noticia por toda aquella tierra alrededor.
3. Trajeron a Jesús todos los enfermos.
4. **Todas las respuestas son correctas.**

10 Terminen este versículo: "Echa sobre Jehová tu carga..." (Salmos 55:22)

1. "... y él te sostendrá; no dejará que al justo le falte nada".
2. **"...y él te sustentará; no dejará para siempre caído al justo".**
3. "... y él te liberará; no dejará que el fiel caiga en la batalla".
4. "... y él te responderá; para él eres más precioso que el oro".

Lección 11

Mateo 15:21-28; 16:13-28; 17:1-9

Versículo para Memorizar

"Respondiendo Simón Pedro, dijo: Tú eres el Cristo, el Hijo del Dios viviente" (Mateo 16:16).

Verdad Bíblica

Jesús bendice a quienes creen que Él es el Hijo de Dios.

Propósito

En esta lección, los niños aprenderán que Jesús verdaderamente es el Hijo de Dios.

Sugerencia para la Enseñanza

Dedique tiempo para estudiar los pasajes de esta lección y asegurarse de que los entiende. Estos pasajes bíblicos no son de fácil comprensión para los niños, pero son muy importantes para ayudar a todos a entender la divinidad de Jesús.

COMENTARIO BÍBLICO

Esta lección se enfoca en la identidad de Jesús como el Hijo de Dios. En el primer pasaje, una mujer llamó a Jesús "Hijo de David", un título para el Mesías prometido. Este pasaje confunde a algunas personas. Al hablar de los perros, Jesús se refería a los gentiles, y al hablar de los hijos, se refería a los judíos. La declaración de Jesús significaba: "No está bien que comparta el evangelio con los que no son judíos antes de enseñarlo a los judíos". Aunque la mujer era gentil, había puesto su fe en Jesús. Ella entendió, mejor que muchos judíos, quién era Él. Debido a esa fe, Jesús la bendijo con un milagro.

En el segundo pasaje, Jesús preguntó a sus discípulos quién pensaba la gente que era Él. Muchos decían que era profeta. Sin embargo, Pedro afirmó que Jesús era el Mesías y el "Hijo del Dios viviente". Esta comprensión más profunda de la identidad de Jesús trajo bendición y preparó a los discípulos para escuchar más acerca de la misión de Jesús.

Finalmente, la transfiguración dio mayor evidencia de la divinidad de Jesús. Su apariencia cambió. Jesús estaba en un estado glorificado.

CARACTERÍSTICAS DE DIOS

- Jesús es el Cristo.
- Jesús es Hijo de Dios.

PALABRAS RELACIONADAS CON NUESTRA FE

Confesar es admitir o reconocer algo. Por ejemplo,

uno admite ante Dios que hizo algo malo. O, uno reconoce que Cristo es el Señor.

Cristo viene del griego *cristos*, que significa "ungido", similar al significado del nombre hebreo *Mesías*.

PERSONAS

Hijo de David es otro nombre para Jesús. Es un título que los judíos daban al Mesías.

Jeremías fue un profeta que advirtió al pueblo de Judá que debía arrepentirse y volver a Dios.

Elías fue un conocido profeta de Israel.

LUGARES

Cesarea de Filipo era una ciudad al norte del mar de Galilea, cerca del monte Hermón.

El monte Hermón fue probablemente el lugar donde ocurrió la transfiguración de Jesús. Estaba situado 16 kilómetros al norte de Cesarea de Filipo.

OTROS TÉRMINOS

Negarse a sí mismo es el compromiso de no vivir egoístamente.

Tomar nuestra cruz es un fuerte compromiso de seguir a Jesús aun hasta la muerte.

La **transfiguración** es el evento donde tres discípulos vieron a Jesús en su glorificación. La apariencia de Jesús cambió y su rostro resplandeció. Desde una nube, Dios dijo a los discípulos que Jesús era su Hijo.

ACTIVIDAD

Para esta actividad necesitará lo siguiente:
- Una pelota suave

Indique a los niños que se paren formando un círculo.

Diga: **Soy...** (diga su nombre). **¿Quién dicen ustedes que soy yo?** Lance la pelota a un niño al otro lado del círculo. Quien atrape la pelota responderá la pregunta. Por ejemplo, el niño podría decir: **Usted es mi maestro(a).** El niño repetirá la pregunta diciendo: **Soy...** (nombre del niño). **¿Quién dicen ustedes que soy yo?** Luego lanzará la pelota a otro niño en el círculo quien responderá la pregunta. Continúen el juego hasta que todos los alumnos hayan tenido la oportunidad de hablar.

Diga: **En la lección de hoy, escucharemos la pregunta que hizo Jesús: "¿Quién dicen ustedes que soy yo?" Ustedes aprenderán lo que dijeron los discípulos. Y ustedes, ¿quién piensan que es Jesús?**

LECCIÓN BÍBLICA

Antes de relatarla a los niños, estudie la siguiente historia adaptada de Mateo 15:21-28; 16:13-28; 17:1-9.

Jesús se fue a la región de Tiro y Sidón. Allí, una mujer cananea exclamó: "¡Señor, Hijo de David, ten misericordia de mí! Mi hija es gravemente atormentada por un demonio".

Jesús no respondió. Entonces los discípulos le dijeron: "Dile que se vaya".

Jesús dijo: "Yo fui enviado sólo a las ovejas perdidas de Israel".

Pero la mujer continuó clamando y rogándole a Jesús. Entonces Él dijo: "Oh mujer, grande es tu fe; que se haga contigo como quieres".

Cuando Jesús llegó a la región de Cesarea de Filipo, preguntó a sus

discípulos: "¿Quién dicen los hombres que es el Hijo del Hombre?"

Ellos respondieron: "Juan el Bautista, Elías, Jeremías o algún otro profeta".

Jesús preguntó entonces a los discípulos: "Y ustedes, ¿quién dicen que soy yo?"

Simón Pedro contestó: "Tú eres el Cristo, el Hijo del Dios viviente".

Jesús respondió: "Bienaventurado eres. No te lo reveló carne ni sangre, sino mi Padre que está en los cielos. Tú eres Pedro, y sobre esta roca edificaré mi iglesia".

Después Jesús empezó a explicar a sus discípulos que debía ir a Jerusalén, sufrir, ser muerto y resucitar al tercer día.

Pedro dijo: "En ninguna manera esto te acontezca".

Jesús le respondió: "No piensas en las cosas de Dios, sino en las de los hombres".

Luego Jesús dijo a sus discípulos: "Si alguno quiere venir en pos de mí, niéguese a sí mismo, y tome su cruz, y sígame. ¿Qué aprovechará al hombre, si ganare todo el mundo, y perdiere su alma?"

Otro día Jesús llevó a Pedro, Jacobo y Juan a un monte alto. Allí se transfiguró delante de ellos. Su rostro resplandeció como el sol, y su vestidura se hizo blanca como la luz. Después aparecieron Moisés y Elías y hablaban con Jesús.

Pedro quería hacer tres enramadas: una para Jesús, otra para Moisés y otra para Elías. Pero, en ese momento una nube de luz los cubrió. Desde la nube una voz dijo: "Este es mi Hijo amado, en quien tengo complacencia; a él oíd".

Los discípulos cayeron postrados sobre sus rostros y tuvieron mucho temor.

Jesús les dijo que a nadie contaran lo que habían visto hasta que el Hijo del Hombre resucitara de los muertos.

Pida a los alumnos que respondan las siguientes preguntas. No hay respuestas correctas o erradas. Estas preguntas ayudarán a los niños a entender la historia y aplicarla a sus vidas.

1. Las ciudades de Tiro y Sidón estaban lejos de Galilea. ¿Cómo creen que la mujer oyó acerca del poder de Jesús?
2. Si estuvieran en el lugar de la mujer, ¿cómo responderían a lo que Jesús dijo en 15:24, 26?
3. ¿Cómo piensan que se sintió Simón Pedro cuando Jesús lo llamó "Pedro" y le dijo por qué?
4. En su opinión, ¿por qué Jesús llevó solamente a tres discípulos al monte?

Diga: ¿Qué harían ustedes si le dijeran a alguien quiénes son sus padres y esa persona no les creyera? ¿Cómo probarían que realmente son el hijo o la hija de sus padres? ¿Mencionarían el parecido físico o la similitud en la forma de hablar? ¿Pedirían a su mamá o su papá que le diga a esa persona que están diciendo la verdad?

Jesús hizo todo eso. Sanó a mucha gente y multiplicó una pequeña comida para alimentar a miles de personas. Jesús perdonó a la gente sus pecados. Los discípulos incluso oyeron a Dios el Padre afirmar que Jesús era su Hijo. Dios dijo que debemos escuchar a Jesús porque es el Hijo de Dios.

VERSÍCULO PARA MEMORIZAR

Enseñe el versículo para memorizar de esta lección. Encontrará sugerencias de Actividades para Enseñar el Versículo para Memorizar en las páginas 140-141.

ACTIVIDADES ADICIONALES

Elija una de las siguientes opciones para que los niños mejoren su estudio de la Biblia.

1. Estudie acerca de los tres discípulos que Jesús llevó al monte. Busque otros relatos sobre Pedro, Jacobo y Juan en los otros tres evangelios y en el libro de Hechos. ¿Qué papel desempeñaron en cada historia?
2. Invite a una persona para que prepare un monólogo, desde la perspectiva de Pedro, acerca de los eventos mencionados en los pasajes de esta lección. Pídale que presente el monólogo como Pedro. Dé a los alumnos la oportunidad de hacerle preguntas a "Pedro".

PREGUNTAS PARA LA COMPETENCIA – NIVEL BÁSICO

A fin de preparar a los niños para la competencia, léales Mateo 15:21-28; 16:13-28; 17:1-9.

1 ¿Por qué al principio Jesús no ayudó a la mujer cananea? (15:24)
1. **Ella no era de Israel.**
2. Para Jesús era muy difícil sanar a la hija de esa mujer.
3. Ella no tenía suficiente fe.

2 ¿Por qué Jesús sanó a la hija de la mujer? (15:28)
1. Ella lo amenazó.
2. **Ella tenía una fe grande.**
3. Ella era amiga de uno de los discípulos.

3 ¿Cuál fue la primera pregunta de Jesús a los discípulos en Cesarea de Filipo? (16:13)
1. "¿Qué piensa de mí Juan el Bautista?"
2. "¿Por qué no le agrado a Herodes?"
3. **"¿Quién dicen los hombres que es el Hijo del Hombre?"**

4 ¿Quién decían algunos que era Jesús? (16:14)
1. Juan el Bautista
2. Elías o Jeremías
3. **Ambas respuestas son correctas.**

5 ¿Cómo respondió Pedro cuando Jesús preguntó: "¿Quién decís que soy yo?"? (16:15-16)
1. **"Tú eres el Cristo, el Hijo del Dios viviente".**
2. "Tú eres un gran maestro y profeta".
3. Ambas respuestas son correctas.

6 Según Jesús, ¿quién reveló a Pedro la respuesta a la pregunta: "¿Quién decís que soy yo?"? (16:15-17)
1. Los otros discípulos
2. Su suegra
3. **Su Padre que está en los cielos**

7 Según las palabras de Jesús a los discípulos, ¿qué debe hacer uno si quiere ir en pos de Él? (16:24)

1. "Irse a otro país".
2. "Debe llegar a ser maestro".
3. **"Niéguese a sí mismo y tome su cruz".**

8 ¿Qué pasó en el monte cuando Jesús se transfiguró? (17:2-3)

1. El rostro de Jesús resplandeció.
2. Aparecieron Moisés y Elías.
3. **Ambas respuestas son correctas.**

9 ¿Qué quería hacer Pedro para Jesús, Elías y Moisés? (17:4)

1. Hacer tres enramadas para Jacobo, Juan y para sí mismo
2. **Hacer tres enramadas, una para cada uno de ellos**
3. Hacer una enramada para todos

10 ¿Qué dijo Jesús a Pedro, Jacobo y Juan después que la voz les habló desde la nube? (17:6-7, 9)

1. "Levantaos y no temáis".
2. "No digáis a nadie la visión".
3. **Ambas respuestas son correctas.**

PREGUNTAS PARA LA COMPETENCIA – NIVEL AVANZADO

A fin de preparar a los niños para la competencia, léales Mateo 15:21-28; 16:13-28; 17:1-9.

1 ¿Por qué la mujer cananea clamaba a Jesús? (15:22)

1. Tenía hambre.
2. **Su hija era atormentada por un demonio.**
3. Quería una bendición especial de Jesús.
4. Todas las respuestas son correctas.

2 ¿Qué preguntó Jesús a los discípulos cuando llegaron a la región de Cesarea de Filipo? (16:13)

1. "¿Me seguirán sin importar lo que suceda?"
2. **"¿Quién dicen los hombres que es el Hijo del Hombre?"**
3. "¿Cuándo vendrá el Hijo del Hombre?"
4. "¿Quién es el Mesías?"

3 ¿Qué dijo Pedro cuando Jesús preguntó: "¿Quién decís que soy yo?"? (16:15-16)

1. **"Tú eres el Cristo, el Hijo del Dios viviente".**
2. "Tú eres un gran profeta".
3. "Tú eres Elías".
4. "Tú eres el hijo de José y María".

4 Después que los discípulos reconocieron que Jesús era el Cristo, ¿qué dijo Jesús que le sucedería? (16:21)

1. Iría a Jerusalén y padecería mucho.
2. Sería muerto.
3. Después de morir, resucitaría al tercer día.
4. **Todas las respuestas son correctas.**

5. ¿Por qué Pedro era tropiezo? (16:23)

1. Pedro era un hombre cobarde.
2. Pedro no ponía la mira en las cosas de Dios sino en las de los hombres.
3. Pedro siempre quería ser el primero.
4. Pedro nunca seguía las enseñanzas de Jesús.

6. ¿Qué sucederá a todo el que pierda su vida por causa de Jesús? (16:25)

1. Recibirá poder.
2. Será famoso.
3. Morirá.
4. La hallará.

7. ¿Qué ocurrió cuando Jesús llevó a Pedro, Jacobo y Juan a un monte alto? (17:1-2)

1. Él se transfiguró delante de ellos.
2. Su rostro resplandeció como el sol.
3. Su vestidura se hizo blanca como la luz.
4. Todas las respuestas son correctas.

8. ¿Quiénes aparecieron con Jesús durante su transfiguración? (17:3)

1. Abraham y Sara
2. Gedeón y Débora
3. Moisés y Elías
4. Josué e Isaías

9. ¿Qué ocurrió mientras Pedro hablaba de hacer tres enramadas? (17:4-5)

1. Una voz desde la nube dijo: "Este es mi Hijo amado, en quien tengo complacencia; a él oíd".
2. Jacobo y Juan empezaron a construir las enramadas.
3. Pedro pudo conocer a Elías y Moisés.
4. Moisés y Elías desaparecieron.

10. Terminen este versículo: "Respondiendo Simón Pedro, dijo: Tú eres el Cristo,…" (Mateo 16:16)

1. "… mi Redentor y mi amigo".
2. "… el Hijo del Dios viviente".
3. "… nuestro maestro y profeta".
4. "… aquel que nos guía".

Lección 12

Mateo 18:10-14, 21-35; 19:13-30

Versículo para Memorizar

"Jesús dijo: Dejad a los niños venir a mí, y no se lo impidáis; porque de los tales es el reino de los cielos" (Mateo 19:14).

Verdad Bíblica

Jesús perdona a las personas y se preocupa por ellas, y lo mismo debemos hacer nosotros.

Propósito

Esta lección ayudará a los niños a comprender que debemos cuidar de la gente porque Jesús cuida de nosotros.

Sugerencia para la Enseñanza

Al dar la lección bíblica, explique que debemos vivir rendidos a Dios. Nuestro tesoro está en el cielo, no en la tierra.

COMENTARIO BÍBLICO

En esta lección estudiamos acerca de la preocupación de Jesús por los demás. En el primer pasaje, Jesús relató una parábola sobre un pastor que dejó a sus 99 ovejas para buscar a una que se había descarriado. En esta historia, "estos pequeños" se refiere a creyentes que se apartaron de su fe en Dios. Dios hace todo lo posible para salvar a los que están perdidos. Como creyentes, debemos tener esa misma preocupación y regocijarnos por los creyentes que retornan a su fe en Dios.

En el siguiente pasaje, Jesús y Pedro hablan sobre el perdón. Los judíos consideraban que era suficiente perdonar a alguien tres veces. Pedro, siendo judío, sugirió que era suficiente perdonar a alguien siete veces. Probablemente se haya asombrado cuando Jesús dijo que debemos perdonar setenta veces siete. Jesús enseñó a sus discípulos cuán importante es perdonar a otros porque Él nos perdona a nosotros.

El tercer y cuarto pasajes tratan de personas que estaban en extremos opuestos de la jerarquía de la sociedad. Los niños estaban en el nivel inferior de la jerarquía social. Jesús quería que sus discípulos los valoraran, y que tuvieran fe como la de un niño en asuntos espirituales.

El joven rico tenía una posición social elevada debido a su riqueza. Sin embargo, carecía de la bendición más importante: no sabía cómo podía tener la vida eterna.

Nuestra posición social no significa nada para Jesús. Lo importante es que tengamos un corazón como el de Jesús.

CARACTERÍSTICAS DE DIOS

- Dios busca a aquellos que no lo están siguiendo.
- Dios perdona nuestros pecados y quiere que hagamos lo mismo por otras personas.

PALABRAS RELACIONADAS CON NUESTRA FE

Vida eterna es la clase de vida especial que Dios da a los que ponen su fe en Jesús como Salvador. Los que creen en Jesús gozarán de vida eterna en el cielo.

OBJETOS

El **talento** era una medida de peso de dinero, alrededor de 34 kilogramos de un metal, probablemente plata.

El **denario** era una moneda; usualmente era el salario de un día.

Reprender es corregir con severidad desaprobando lo que otro hace.

Impedir es estorbar, haciendo imposible que alguien haga algo.

ACTIVIDAD

Para esta actividad necesitará lo siguiente:
- Tarjetas de cartulina o pedazos de papel
- Una oveja de juguete o de papel

Antes de la clase, prepare algunas claves que ayuden a los niños a encontrar una oveja perdida. Escriba una clave que guíe a los niños a la siguiente clave, hasta que la última los dirija a la oveja perdida. Si es posible, esconda las claves en otras partes del templo. Tenga en la clase la primera clave.

Diga: **Vamos a leer una parábola de Jesús acerca de una oveja perdida. Hoy buscaremos una oveja perdida. Aquí hay una clave que nos ayudará.**

Como clase, sigan juntos las distintas claves. Permita que los niños las descifren; no les dé las respuestas. Cuando encuentren la oveja, regresen al salón de clase.

Diga: **Hoy encontramos una oveja perdida. Ahora leeremos una parábola acerca de un hombre que también encontró a su oveja descarriada.**

LECCIÓN BÍBLICA

Antes de relatarla a los niños, estudie la siguiente historia adaptada de Mateo 18:10-14, 21-35; 19:13-30.

Jesús relató muchas parábolas a la gente que estaba alrededor de Él.

Jesús dijo: "No menosprecien a los niños. Los ángeles de estos pequeños ven el rostro de Dios".

Jesús relató una parábola acerca de un pastor y sus ovejas. "Un hombre tenía cien ovejas, y una de ellas se perdió. Él dejó las otras noventa y nueve ovejas, y fue a buscar la oveja que se había perdido. Cuando la encontró, estaba más feliz por haber encontrado esa oveja, que por las noventa y nueve que no se descarriaron. De la misma forma, Dios no quiere que ninguno se pierda en el pecado".

Jesús habló a Pedro acerca del perdón. Pedro le dijo a Jesús: "Señor, ¿cuántas veces perdonaré a mi hermano que peque contra mí? ¿Hasta siete?"

Jesús le respondió: "No te digo hasta siete, sino hasta setenta veces siete".

Después Jesús les contó una parábola acerca del perdón. "El reino de los cielos

es como un rey. Este rey quiso cobrar el dinero que la gente le debía. Cuando le trajeron a un siervo que le debía diez mil talentos, el siervo no pudo pagar su deuda. Entonces el rey ordenó que vendieran al siervo, a su familia y todo lo que tenían para que pagase así lo que debía. El siervo cayó de rodillas y le suplicó: "Ten paciencia conmigo, y yo te lo pagaré todo". El rey tuvo misericordia del hombre, le perdonó la deuda y lo dejó libre.

Más tarde, el siervo se encontró con otro siervo que le debía cien denarios. El primer siervo sujetó al segundo y lo estaba ahogando mientras decía: "Págame lo que me debes".

El segundo siervo rogó: "Ten paciencia conmigo, y yo te lo pagaré todo". Pero el primer siervo no quiso perdonarlo y lo mandó a la cárcel. Los otros siervos, al ver lo que había pasado, se lo contaron a su señor.

El señor ordenó llamar al siervo y le dijo: "Siervo malvado. Yo te perdoné la deuda. Tú también debías tener misericordia de tu consiervo". El señor estaba enojado y envió al siervo malvado a la cárcel. Allí estaría hasta que pagase todo lo que debía. Así les tratará Dios si no perdonan a los que hacen algo malo contra ustedes".

Algunas personas le llevaron niños a Jesús para que Él orara por ellos. Los discípulos reprendieron a esas personas. Pero, Jesús dijo: "Dejad a los niños venir a mí, porque de los tales es el reino de los cielos".

Un hombre joven se acercó a Jesús y le preguntó: "¿Qué debo hacer para tener la vida eterna?"

Jesús respondió: "Si quieres la vida eterna, tienes que obedecer los mandamientos".

El joven dijo: "Yo ya he cumplido todos los mandamientos. ¿Qué más debo hacer?"

Jesús le dijo: "Vende lo que tienes y da el dinero a los pobres. Así tendrás tesoro en el cielo". Entonces el joven se fue triste porque era muy rico.

Jesús dijo: "Difícilmente entrará un rico en el reino de los cielos".

Los discípulos dijeron: "Si es así, ¿quién, pues, podrá ser salvo?"

Jesús dijo: "Para los hombres esto es imposible; mas para Dios todo es posible".

Pedro preguntó: "Nosotros lo hemos dejado todo, y te hemos seguido; ¿qué tendremos?"

Jesús respondió: "Cualquiera que haya dejado a su familia y su casa, recibirá una recompensa que vale cien veces más. Heredará la vida eterna. Muchos que están primeros serán los últimos, y muchos que están últimos serán los primeros".

Pida a los alumnos que respondan las siguientes preguntas. No hay respuestas correctas o erradas. Estas preguntas ayudarán a los niños a entender la historia y aplicarla a sus vidas.

1. ¿Alguna vez perdieron algo valioso? ¿Qué hicieron para encontrar lo que perdieron? ¿Cómo se sintieron cuando lo hallaron? ¿Por qué el pastor apreció tanto a la oveja perdida?
2. ¿Cómo se sintió el siervo malvado cuando el rey perdonó su deuda? ¿Cómo se sintió el rey cuando supo lo que había hecho el siervo malvado? ¿Alguna vez alguien les perdonó por algo malo que hicieron?
3. El joven rico se entristeció porque no quería dejar su riqueza. ¿Cuáles son algunas cosas que a la gente le es difícil entregar a Dios?

Diga: ¿Alguna vez han peleado sobre quién será primero o primera en algo, o a quién le toca el próximo turno? Muchas veces nos enfocamos sólo en nuestras necesidades. Jesús se preocupaba por las necesidades de los otros. Aunque los discípulos protestaban, Jesús invitó a los niños para que estuviesen alrededor de Él. Jesús tiene un corazón de amor por todos y ofrece perdón a todos. ¿Aman ustedes a los demás y están dispuestos a perdonar a otros?

VERSÍCULO PARA MEMORIZAR

Enseñe el versículo para memorizar de esta lección. Encontrará sugerencias de Actividades para Enseñar el Versículo para Memorizar en las páginas 140-141.

ACTIVIDADES ADICIONALES

Elija una de las siguientes opciones para que los niños mejoren su estudio de la Biblia.

1. Como clase, dramaticen la parábola de la oveja perdida. Elija algunos alumnos que serán el rebaño, otro que será la oveja perdida, y otro que será el pastor. La oveja perdida se esconderá y el pastor debe buscar hasta encontrarla.
2. Jesús le dijo al joven rico que vendiera lo que tenía, que diera el dinero a los pobres y le siguiera. Como clase, hagan una lista de posesiones que pudieran ser un obstáculo en su relación con Dios. ¿De qué maneras se pueden superar estos obstáculos?

PREGUNTAS PARA LA COMPETENCIA – NIVEL BÁSICO

A fin de preparar a los niños para la competencia, léales Mateo 18:10-14, 21-35; 19:13-30.

1 Según la parábola de Jesús, ¿cuántas ovejas tenía el hombre? (18:12)
1. 100
2. 500
3. 1,000

2 ¿Qué hizo el hombre cuando se dio cuenta de que faltaba una oveja? (18:12)
1. Se olvidó de la oveja perdida.
2. **Fue a buscar la oveja.**
3. Envió a alguien para que buscara la oveja.

3 ¿Qué le preguntó Pedro a Jesús acerca del perdón? (18:21)

1. "¿Necesito perdón?"
2. "¿Quién necesita perdón?"
3. **"¿Cuántas veces perdonaré?"**

4 ¿Cuánto le debía el primer siervo al rey? (18:23-24)

1. **10,000 talentos**
2. 1,000 talentos
3. 10 talentos

5 ¿Qué hizo el señor cuando el siervo le pidió que tuviera paciencia? (18:26-27)

1. El señor fue movido a misericordia.
2. El señor le soltó y le perdonó la deuda.
3. **Ambas respuestas son correctas.**

6 ¿Qué hizo el primer siervo al siervo que le debía dinero? (18:30)

1. **Demandó que le pagase la deuda.**
2. Perdonó al siervo.
3. Ambas respuestas son correctas.

7 ¿Qué hizo el señor cuando supo lo que había hecho el primer siervo? (18:32-34)

1. Lo dejó ir.
2. **Lo llamó "siervo malvado" y lo entregó a los verdugos.**
3. Le dijo que había hecho lo correcto.

8 ¿Qué dijo Jesús a los discípulos acerca de los niños? (19:14)

1. "Dejad a los niños venir a mí".
2. "De los tales es el reino de los cielos".
3. **Ambas respuestas son correctas.**

9 ¿Qué dijo Jesús al joven que preguntó: "¿Qué bien haré para tener la vida eterna?"? (19:17)

1. **"Guarda los mandamientos".**
2. "Estudia las Escrituras".
3. "Vé a la sinagoga todas las semanas".

10 ¿Quién dijo: "Para los hombres esto es imposible; mas para Dios todo es posible"? (19:26)

1. Pedro
2. **Jesús**
3. El joven rico

PREGUNTAS PARA LA COMPETENCIA – NIVEL AVANZADO

A fin de preparar a los niños para la competencia, léales Mateo 18:10-14, 21-35; 19:13-30.

1 ¿Quiénes ven siempre el rostro del Padre que está en los cielos? (18:10)

1. **Los ángeles de los pequeños**
2. Nadie
3. Los que perdonan a otros
4. Todos

2 Según Jesús, ¿cuál era el significado de la parábola de la oveja perdida? (18:14)

1. "Ustedes tienen la culpa si se pierden".
2. "Es fácil perderse en el bosque".
3. **"No es la voluntad de vuestro Padre que está en los cielos que se pierda uno de estos pequeños".**
4. "Permanezcan con el rebaño. No se descarríen".

3 Según Jesús, ¿cuántas veces debemos perdonar? (18:22)
1. Tres veces
2. Siete veces
3. Setenta veces siete
4. Setecientas veces

4 ¿Qué hizo el primer siervo cuando el rey le ordenó que pagase su deuda? (18:25-26)
1. Pagó la deuda de un consiervo.
2. Huyó.
3. Pagó su deuda.
4. Le suplicó al rey que tuviese paciencia.

5 ¿Cuánto debía el segundo siervo al primer siervo? (18:28)
1. 100 denarios
2. 1,000 denarios
3. 1,000 talentos
4. 10,000 talentos

6 ¿Qué hicieron los siervos cuando vieron lo que el primer siervo le hizo al segundo? (18:31)
1. Le dijeron al primer siervo que había hecho bien.
2. Le contaron a su señor lo que pasó.
3. No hicieron nada.
4. Reunieron dinero para el siervo.

7 ¿Qué dijo Jesús a los discípulos cuando reprendieron a los que le llevaron niños? (19:13-14)
1. "Dejad a los niños venir a mí".
2. "No se lo impidáis".
3. "De los tales es el reino de los cielos".
4. Todas las respuestas son correctas.

8 ¿Qué hizo Jesús cuando los niños vinieron a Él? (19:13-15)
1. Bendijo a cada familia.
2. Puso sobre ellos las manos y oró por ellos.
3. Los bautizó.
4. Les dijo que se fueran.

9 ¿Qué hizo el joven cuando Jesús le dijo lo que debía hacer para tener la vida eterna? (19:22)
1. Decidió ser discípulo de Jesús.
2. Se fue triste porque tenía muchas posesiones.
3. Vendió todo lo que tenía y dio el dinero a los pobres.
4. Preguntó por qué Dios tenía tantos reglamentos.

10 Terminen este versículo: "Jesús dijo: Dejad a los niños venir a mí, y no..." (Mateo 19:14)
1. "... se lo impidáis; porque de los tales es el reino de los cielos".
2. "... los castiguen severamente".
3. "... permitan que huyan de mí".
4. "... permitan que se descarríen".

Lección 13

Mateo 21:1-17; 22:34-40

Versículo para Memorizar

"Jesús le dijo: Amarás al Señor tu Dios con todo tu corazón, y con toda tu alma, y con toda tu mente. Este es el primero y grande mandamiento. Y el segundo es semejante: Amarás a tu prójimo como a ti mismo" (Mateo 22:37-39).

Verdad Bíblica

Jesús, nuestro Salvador y Rey, es digno de nuestra alabanza, obediencia y amor.

Propósito

En esta lección, los niños aprenderán que Jesús dijo que el gran mandamiento es amar al Señor nuestro Dios totalmente. El segundo gran mandamiento es amar a nuestro prójimo como a nosotros mismos.

Sugerencia para la Enseñanza

En la lección 2, lea las definiciones de "fariseo" y "saduceo".

COMENTARIO BÍBLICO

Cuando Jesús entró en Jerusalén sentado sobre una asna, la multitud reconoció ese hecho como señal de que Él era el rey que esperaban. En los tiempos del Antiguo Testamento, entrar de esa manera en una ciudad era una práctica común para los reyes. Reconociendo esto, la gente llamó a Jesús "Hijo de David". Este era otro nombre para el Mesías. La gente estaba en lo correcto al llamarlo "rey". Sin embargo, esperaban que Jesús fuera un rey terrenal, aquel que derrotaría a sus enemigos políticos. No sabían que Él sería crucificado por los pecados de ellos.

Cuando entró en el templo, Jesús se enojó porque la gente había convertido el lugar de adoración en mercado. Vendían animales para los sacrificios; otros cambiaban monedas para las ofrendas en el templo. Esos puestos y servicios eran necesarios. Sin embargo, su ubicación y las prácticas comerciales deshonestas de algunos eran una falta de respeto por el templo y la gente que iba allí para adorar a Dios. Cuando Jesús tomó el control, la gente vio su autoridad. Los principales sacerdotes vieron esto como un reto a su autoridad.

En los tiempos bíblicos, no era inusual que los religiosos discutieran sobre cuáles mandamientos eran más importantes. Jesús afirmó que el gran mandamiento es amar a Dios con todo lo que somos. El segundo es amar a nuestro prójimo; este amor fluye del amor a Dios.

CARACTERÍSTICAS DE DIOS

- Jesús es digno de nuestra alabanza.

- Dios quiere que lo amemos a Él y que amemos a los demás.

LUGARES

El **monte de los Olivos** es una montaña al este de Jerusalén, de 823 metros de altura. Desde la cima se observa un gran panorama de Jerusalén y el templo.

El **templo** es una edificación destinada a la adoración de un dios o dioses. El templo de Jerusalén era un lugar donde los judíos adoraban a Dios.

Betania era una ciudad pequeña, aproximadamente a 3.3 kilómetros al este de Jerusalén, cerca del monte de los Olivos.

OBJETOS

El **manto** era una vestimenta exterior suelta.

ACTIVIDAD

Para esta actividad necesitará lo siguiente:
- Un pliego grande de papel
- Marcadores

Antes de la clase, en el pliego de papel escriba en letras grandes la palabra "HOSANNA".

Durante la clase, señale la palabra "Hosanna" y diga: **Hoy aprenderemos acerca de una ocasión cuando la gente gritó "Hosanna" mientras pasaba Jesús. ¿Qué creen que significa la palabra "Hosanna"?** (Significa "salva". También es una exclamación de alabanza). **¿De qué maneras podemos expresar alabanza a Jesús?**

Anime a los niños para que hagan dibujos o escriban palabras alrededor de las letras de la palabra "Hosanna". Esos dibujos o palabras deben expresar maneras en que los niños alabarán a Jesús. Ponga el póster en el salón para que todos puedan verlo.

LECCIÓN BÍBLICA

Antes de relatarla a los niños, estudie la siguiente historia adaptada de Mateo 21:1-17; 22:34-40.

Cuando Jesús y sus discípulos se acercaban a Jerusalén, llegaron a Betfagé, en el monte de los Olivos. Desde allí, Jesús envió adelante a dos discípulos.

Jesús dijo a esos dos discípulos: "Id a la aldea que está enfrente de vosotros, y luego hallaréis una asna atada, y un pollino con ella; desatadla, y traédmelos. Y si alguien os dijere algo, decid: El Señor los necesita". Todo esto sucedió para que se cumpliera lo que el profeta había dicho: "He aquí, tu Rey viene a ti, manso y sentado sobre una asna".

Los discípulos le trajeron el asna y el pollino. Luego pusieron sus mantos sobre ellos y Jesús se sentó sobre el asna. Una gran multitud echaba sus mantos en el camino; otras personas cortaban ramas de los árboles y las ponían también en el camino.

La multitud exclamaba: "¡Hosanna al Hijo de David! ¡Bendito el que viene en el nombre del Señor! ¡Hosanna en las alturas!"

Cuando Jesús entró en Jerusalén, toda la ciudad preguntaba: "¿Quién es éste?"

La multitud respondió: "Este es Jesús el profeta, de Nazaret de Galilea".

Cuando Jesús entró en el templo, echó fuera a los que vendían y compraban. También volcó las mesas de los que cambiaban monedas, y las sillas de los

que vendían palomas. Jesús dijo: "Mi casa, casa de oración será llamada; mas vosotros la habéis hecho cueva de ladrones".

Allí en el templo, Jesús sanó a los ciegos y cojos que venían a Él. Los principales sacerdotes y los escribas vieron las cosas maravillosas que Jesús hacía. También oyeron a los niños que exclamaban: "¡Hosanna al Hijo de David!", y se enojaron.

"¿Oyes lo que dicen estos niños?", le preguntaron a Jesús.

"Sí", respondió Jesús, "¿nunca leísteis: De la boca de los niños y de los que maman perfeccionaste la alabanza?"

Entonces Jesús salió de allí y se fue a Betania.

Otro día, los fariseos quisieron tentar a Jesús. Un intérprete de la ley le preguntó: "Maestro, ¿cuál es el gran mandamiento en la ley?"

Jesús respondió: "Amarás al Señor tu Dios con todo tu corazón, y con toda tu alma, y con toda tu mente. Este es el primero y grande mandamiento. Y el segundo es semejante: Amarás a tu prójimo como a ti mismo. De estos dos mandamientos depende toda la ley y los profetas".

Pida a los alumnos que respondan las siguientes preguntas. No hay respuestas correctas o erradas. Estas preguntas ayudarán a los niños a entender la historia y aplicarla a sus vidas.

1. ¿Por qué Jesús dijo a sus discípulos que fueran a otra ciudad para encontrar una asna y su pollino para montar?
2. ¿Qué alabanzas daba la gente a Jesús? ¿Qué clase de alabanza darían ustedes a Jesús?
3. ¿Qué hicieron los cambistas que a Jesús no le agradó?
4. ¿Piensan ustedes que los fariseos sabían cuál era el gran mandamiento? Si lo sabían, ¿por qué le preguntaron a Jesús cuál era?
5. ¿Cuáles son los dos mandamientos que Jesús dio en Mateo 22:37-39? ¿Por qué es importante que obedezcamos estos mandamientos?

Diga: **Jesús no hizo nada de lo que los judíos esperaban del Rey de Reyes. Entró en la ciudad montado en una asna. Los hombres, las mujeres y los niños lo alabaron. Jesús no actuaba en forma grandiosa o gloriosa; sin embargo, poseía la autoridad de Dios. Jesús era digno de la alabanza de la gente. Él les dio ejemplo de cómo amar a Dios con todo su ser. También les mostró cómo amar a otros como nos amamos a nosotros mismos. Tenemos que seguir su ejemplo. Debemos amar, obedecer y adorar a Dios.**

VERSÍCULO PARA MEMORIZAR

Enseñe el versículo para memorizar de esta lección. Encontrará sugerencias de Actividades para Enseñar el Versículo para Memorizar en las páginas 140-141.

ACTIVIDADES ADICIONALES

Elija una de las siguientes opciones para que los niños mejoren su estudio de la Biblia.
1. En los tiempos bíblicos, cuando los reyes ganaban una batalla, entraban en su ciudad triunfalmente. Estudie qué sucedía

durante esas "entradas triunfales". Busque las semejanzas y las diferencias con la entrada triunfal de Jesús. ¿Cuál es el simbolismo de lo que hizo la gente al echar sus mantos y las ramas de árboles en el camino?

2. Imaginen que Jesús llegara a la ciudad donde viven ustedes. ¿Qué diría de Él la gente? ¿Cómo lo recibiría esta ciudad? ¿Qué clase de alabanzas le darían ustedes? Dibujen un mapa de la ruta que Jesús podría seguir si viniera a su ciudad. Hagan una pancarta que anuncie su llegada. Después den gracias a Dios por haber enviado a Jesús para salvarnos.

PREGUNTAS PARA LA COMPETENCIA – NIVEL BÁSICO

A fin de preparar a los niños para la competencia, léales Mateo 21:1-17; 22:34-40.

1 ¿Qué pidió Jesús que hicieran dos discípulos cuando llegaron a Betfagé? (21:1-2)
1. **"Id a la aldea, hallaréis una asna y un pollino, traédmelos".**
2. "Busquen un lugar donde podamos pasar la noche".
3. "Id delante de mí para ver si Herodes nos arrestará".

2 ¿Qué debían decir los discípulos si alguien les hablaba del asna y el pollino? (21:3)
1. "Estos animales son nuestros".
2. **"El Señor los necesita".**
3. "¿Podemos llevarnos sus asnos?"

3 ¿Qué decía la profecía del Antiguo Testamento acerca de los discípulos, el asna y el pollino? (21:2-5)
1. "He aquí, tu Rey viene a ti".
2. Él es "manso" y viene "sentado sobre una asna".
3. **Ambas respuestas son correctas.**

4 ¿Qué hizo la multitud cuando Jesús entró en Jerusalén? (21:8-9)
1. Tendían sus mantos y ramas de árboles en el camino.
2. Exclamaban: "¡Hosanna al Hijo de David!"
3. **Ambas respuestas son correctas.**

5 ¿Qué vendía la gente en el templo? (21:12)
1. **Palomas**
2. Incienso
3. Rollos de pergamino

6 ¿Qué hizo Jesús en el templo después que entró en Jerusalén? (21:12)
1. Echó fuera a los que vendían y compraban.
2. Volcó las mesas de los cambistas.
3. **Ambas respuestas son correctas.**

7 Según Jesús, ¿qué había hecho la gente a la casa de oración? (21:13)
1. **La habían hecho cueva de ladrones.**
2. La habían hecho un lugar de adoración.
3. La habían hecho mercado.

8 ¿Qué hizo Jesús después de echar fuera a los que vendían y compraban en el templo? (21:12, 14)

1. Recogió una ofrenda para el altar.
2. **Sanó a los que venían a él.**
3. Se fue a Nazaret.

9 ¿Quién tentó a Jesús con una pregunta acerca del gran mandamiento? (22:35-36)

1. Uno de los discípulos
2. **Un intérprete de la ley**
3. El rey Herodes

10 ¿Cuál dijo Jesús que es el segundo gran mandamiento? (22:39)

1. "No tomarás el nombre de Dios en vano".
2. **"Amarás a tu prójimo como a ti mismo".**
3. "Honra a tu padre y a tu madre".

PREGUNTAS PARA LA COMPETENCIA – NIVEL AVANZADO

A fin de preparar a los niños para la competencia, léales Mateo 21:1-17; 22:34-40.

1 ¿Qué hizo Jesús en Betfagé? (21:1-2)

1. Oró y ayunó.
2. **Envió a dos de sus discípulos a buscar una asna y un pollino.**
3. Sanó a los enfermos.
4. Relató la parábola del siervo cruel.

2 ¿Qué hicieron los discípulos con los asnos? (21:7)

1. Los llevaron a Nazaret.
2. Los montaron para entrar en Jerusalén.
3. **Pusieron sus mantos sobre los asnos para que Jesús se sentara encima.**
4. Los vendieron para pagar el impuesto para el templo.

3 ¿Qué hizo la multitud cuando Jesús entró en Jerusalén montado en el asna? (21:8-9)

1. **Tendieron sus mantos y ramas de árboles en el camino.**
2. Le lanzaron piedras.
3. Se fueron de la ciudad.
4. Todas las respuestas son correctas.

4 Cuando Jesús entró en Jerusalén, ¿cómo respondió la gente a los que preguntaban: "¿Quién es éste?"? (21:11)

1. "Este es Jesús, el hijo de María y José".
2. "Este es el Mesías".
3. **"Este es Jesús el profeta, de Nazaret de Galilea".**
4. "Este es el nuevo rey de Jerusalén".

5 ¿Qué dijo Jesús cuando volcó las mesas de los cambistas y de los que vendían palomas? (21:13)

1. **"Mi casa, casa de oración será llamada; mas vosotros la habéis hecho cueva de ladrones"**.
2. "¡Todo aquel que estafe al inocente, morirá!"
3. "El día de juicio ha llegado".
4. Todas las respuestas son correctas.

6 ¿Qué hizo Jesús cuando los ciegos y los cojos vinieron a Él en el templo? (21:14)

1. Los llevó ante el sumo sacerdote.
2. Les pidió que trajesen un sacrificio.
3. **Los sanó.**
4. Les dijo que se lavaran en el río Jordán.

7 ¿Qué exclamaban los niños en el templo? (21:15)

1. **"¡Hosanna al Hijo de David!"**
2. "Gloria a Dios en las alturas".
3. "El Príncipe de Paz ha venido".
4. "El Santo está aquí".

8 ¿Qué dijo Jesús cuando los principales sacerdotes y los escribas le preguntaron acerca de las exclamaciones de los niños? (21:16)

1. "Dejad a los niños en paz".
2. **"¿Nunca leísteis: De la boca de los niños y de los que maman perfeccionaste la alabanza?"**
3. "Los niños son los profetas de Aquel que ha venido".
4. "Los niños son la voz de Dios".

9 Según Jesús, ¿cuál es el gran mandamiento en la ley? (22:37-38)

1. **"Amarás al Señor tu Dios con todo tu corazón, y con toda tu alma, y con toda tu mente"**.
2. "Acuérdate del día de reposo para santificarlo".
3. "No tendrás dioses ajenos delante de Jehová tu Dios".
4. "No tomarás el nombre de Jehová tu Dios en vano".

10 Según Jesús, ¿qué depende de los dos grandes mandamientos? (22:40)

1. El sermón del monte
2. La regla de oro
3. **La ley y los profetas**
4. Las bienaventuranzas

Lección 14

Mateo 24:36-42; 25:1-30

Versículo para Memorizar

"Por haberse multiplicado la maldad, el amor de muchos se enfriará. Mas el que persevere hasta el fin, éste será salvo" (Mateo 24:12-13).

Verdad Bíblica

Jesús vendrá otra vez. Sus seguidores se preparan para este evento.

Propósito

Esta lección ayudará a los niños a comprender que necesitamos prepararnos para el regreso de Jesús.

Sugerencia para la Enseñanza

Al dar la lección bíblica, recuérdeles a los niños que si siguen a Dios, no tienen por qué temer el futuro. Dios quiere que sus seguidores vivan con gozo y tengan fe en Él.

COMENTARIO BÍBLICO

Sólo Dios el Padre sabe cuándo volverá Jesús. Aunque esto quizás perturbe a algunos, nos recuerda que debemos cumplir los mandatos de Dios. Tenemos que perdonar a otros y prepararnos para su retorno. Estas dos parábolas nos dan un panorama de nuestras vidas cuando regrese Jesús.

Las bodas eran importantes en la sociedad judía. Una boda requería que el novio se reuniera primero con el padre de la novia. Luego, a la luz de lámparas, las mujeres solteras lo guiaban a su casa para celebrar la fiesta de bodas. En la parábola, las diez vírgenes se durmieron mientras esperaban al novio. Cuando éste llegó, sólo cinco de las vírgenes estaban preparadas. Por esto, sólo esas cinco guiaron al novio a la fiesta. Él cerró la puerta y las otras vírgenes no pudieron entrar.

La segunda parábola es una ilustración acerca de Dios y su relación con cada uno de nosotros. Un talento era una pequeña fortuna. El señor dio distintas cantidades de dinero a diferentes siervos. A cada siervo le dio una cantidad que equivalía a su capacidad. El siervo que no quiso arriesgarse a perder su talento, no hizo nada con él. Al final, ese siervo lo perdió todo.

Con estas parábolas comprendemos que es importante prepararnos para el retorno de Cristo. Asimismo, vemos que Dios quiere que usemos nuestros talentos para servirle y edificar su reino.

CARACTERÍSTICAS DE DIOS

- Dios sabe cuándo volverá Jesús y quiere que nos preparemos para su retorno.
- Dios nos prepara para realizar su obra.

PALABRAS RELACIONADAS CON NUESTRA FE

La **segunda venida** es el tiempo cuando Jesús volverá a la tierra. Jesús reinará y no habrá más maldad.

PERSONAS

Las **diez vírgenes** eran señoritas jóvenes que eran amigas o familiares de la novia o el novio.

El **esposo** era el hombre que se casaría con la novia en la boda.

OTROS TÉRMINOS DEL NUEVO TESTAMENTO

Lámparas eran vasijas de barro cocido que tenían pico. La gente vertía aceite en la vasija y colocaba una mecha en el pico.

Arreglar la lámpara significaba cortar el extremo de la mecha que ya estaba quemado.

Interés es la ganancia que se obtiene del dinero que uno ha depositado en el banco.

ACTIVIDAD

Para esta actividad necesitará lo siguiente:

- Platos de papel, uno para cada niño que participe en el juego. Si no tiene platos de papel, use otros objetos que sean iguales para todos.
- Una etiqueta adhesiva o un marcador

Antes de la clase, ponga la etiqueta adhesiva o haga una marca en la base de un plato. Coloque los platos donde los niños puedan verlos. Asigne números a los niños. Empiece con uno y continúe consecutivamente hasta que cada niño tenga un número.

Diga: **Hoy leeremos una parábola acerca de una boda. Algunas personas llegaron a la boda con lámparas que no tenían suficiente aceite. En esta actividad, los platos representan las lámparas que pueden traer a la boda. Una de estas lámparas no tiene suficiente aceite. Esa lámpara tiene una marca en la base.**

Ustedes recibieron un número. Siguiendo el orden de los números, pasen y elijan una lámpara. Cuando todos lo hayan hecho, revisaremos las lámparas para ver quién tomó la que no tiene aceite. Esa persona quedará fuera del juego.

Cuando encuentren la lámpara sin aceite, retire uno de los platos sin marca. Mezcle los platos restantes. Los niños que queden seleccionarán otro plato. Sin embargo, esta vez sigan el orden numérico al revés; o sea, el niño que tenga el número más alto escogerá el primer plato. Continúen en orden descendente hasta que todos tengan un plato. Alterne el orden numérico en cada vuelta, hasta que quede sólo un niño o niña, quien ganará el juego.

Diga: **Cuando ustedes escogían una lámpara que no tenía aceite, no podían seguir en el juego. Hoy escucharemos una parábola que Jesús relató. Trata de unas personas que no llevaron suficiente aceite para sus lámparas. Aprenderemos qué sucedió con ellas.**

LECCIÓN BÍBLICA

Antes de relatarla a los niños, estudie la siguiente historia adaptada de Mateo 24:36-42; 25:1-30.

Jesús predicó a sus seguidores, diciendo: "Nadie sabe cuándo vendrá el fin. Sólo el Padre conoce esta información. Cuando venga el Hijo del Hombre, será como en el tiempo de Noé. Antes que ocurriera el diluvio, la gente comía, bebía y seguía con su vida. No sabían nada acerca del diluvio hasta que éste llegó y se los llevó. Así será cuando venga el Hijo del Hombre. Ustedes deben velar porque nadie sabe cuándo llegará el fin.

"El fin será como diez vírgenes que llevaron sus lámparas a una boda. Cinco de las vírgenes eran prudentes y llevaron aceite extra para sus lámparas. Cinco de las vírgenes eran insensatas, y no llevaron más aceite. El esposo tardó en llegar y las vírgenes se quedaron dormidas.

"A medianoche, las vírgenes tuvieron que salir para recibir al esposo. Todas se levantaron y arreglaron sus lámparas. Las vírgenes insensatas ya no tenían aceite y pidieron un poco a las vírgenes prudentes. Pero, las vírgenes prudentes dijeron: 'Si les damos aceite, no tendremos suficiente para nosotras. Vayan y compren para ustedes'.

"Mientras compraban el aceite, el esposo llegó. Las vírgenes que estaban preparadas para recibirlo, entraron en la fiesta de bodas. Y se cerró la puerta. Cuando las otras vírgenes regresaron con su aceite, rogaron: '¡Señor, señor, ábrenos!'

"Pero él respondió: 'No las conozco'.

Jesús dijo: "Velad, pues, porque no sabéis el día ni la hora en que el Hijo del Hombre ha de venir".

Jesús contó otra parábola. "Un hombre se iba de viaje. Antes les confió bienes a sus siervos. El primer siervo recibió cinco talentos. El segundo siervo recibió dos talentos. El último siervo recibió sólo un talento. El primer siervo invirtió su dinero y ganó cinco talentos más. El segundo también invirtió su dinero y ganó dos talentos más. El hombre que recibió un talento, lo enterró bajo tierra.

"Cuando el señor regresó, preguntó por el dinero que había dado a los siervos. El siervo que recibió cinco talentos trajo cinco talentos más. El señor le dijo: 'Bien, buen siervo; has sido fiel con lo poco que te di. Te pondré a cargo de mucho más'.

"El segundo siervo trajo los dos talentos y dos talentos más. El señor le dijo: 'Bien, buen siervo; has hecho bien con lo poco que te di. Ven y comparte la alegría de tu señor'.

"El tercer siervo dijo: 'Señor, tuve miedo de ti. Por eso escondí tu talento en la tierra. Aquí tienes tu dinero'.

"El señor respondió: 'Siervo malo. Debías haber puesto mi dinero en el banco. Así hubiera recibido intereses de mi dinero. Te quitaré tu talento y se lo daré al siervo con diez talentos. El que tiene, recibirá más, y tendrá abundancia. Echen a este siervo a las tinieblas de afuera'".

Pida a los alumnos que respondan las siguientes preguntas. No hay respuestas correctas o erradas. Estas preguntas ayudarán a los niños a entender la historia y aplicarla a sus vidas.

1. Las cinco vírgenes insensatas no pudieron entrar en la boda. ¿Cómo creen que se sintieron al quedar fuera?
2. Mucha gente ha tratado de predecir cuándo regresará Jesús. ¿Por qué la gente siente la necesidad de predecir este evento?
3. ¿Por qué el siervo con un talento temía a su señor? ¿Alguna vez hicieron ustedes algo porque temían a una persona?

Diga: ¿Alguna vez ayudaron a sus padres en los preparativos para recibir a una visita? ¿Qué clase de trabajos hicieron? ¿Estaba todo listo cuando llegó la visita? Cuando Jesús se fue de la tierra para volver al cielo, prometió que regresaría. Él fue a preparar un lugar para nosotros. No sabemos cuándo volverá. Sin embargo, Jesús vendrá otra vez para llevar al cielo a los que han pedido perdón por sus pecados y lo siguen a Él. Jesús nos desafía a que le obedezcamos y nos preparemos para su retorno. ¿Cómo pueden ustedes prepararse para la segunda venida de Jesús?

VERSÍCULO PARA MEMORIZAR

Enseñe el versículo para memorizar de esta lección. Encontrará sugerencias de Actividades para Enseñar el Versículo para Memorizar en las páginas 140-141.

ACTIVIDADES ADICIONALES

1. Como clase, dialoguen sobre la parábola de los talentos. Aunque los talentos en la historia se refieren a dinero, hablen de cómo usamos nuestros dones y talentos. ¿Cómo podemos usar nuestros talentos para glorificar a Dios?
2. Como clase, investiguen cómo la gente en el tiempo de Jesús usaba las lámparas. Pida que cada alumno dibuje una lámpara.

PREGUNTAS PARA LA COMPETENCIA – NIVEL BÁSICO

A fin de preparar a los niños para la competencia, léales Mateo 24:36-42; 25:1-30.

1 Jesús dijo que el Señor vendrá cuando no lo esperemos. ¿Qué debemos hacer? (24:42)
1. **Velar.**
2. No hacer nada excepto esperar.
3. Ambas respuestas son correctas.

2 ¿Por qué las diez vírgenes tomaron sus lámparas y salieron? (25:1)
1. Para ver qué pasaba.
2. **Para recibir al esposo.**
3. Para conocer a la familia del esposo.

3 ¿Por qué cinco de las vírgenes fueron prudentes? (25:4)
1. **Tomaron sus lámparas y aceite en vasijas.**
2. Sabían exactamente cuándo llegaría el esposo.
3. Ambas respuestas son correctas.

4 ¿Qué respondieron las vírgenes prudentes cuando las insensatas les pidieron aceite? (25:9)

1. "Para que no nos falte a nosotras y a vosotras".
2. "Id a los que venden, y comprad para vosotras mismas".
3. **Ambas respuestas son correctas.**

5 ¿Qué sucedió mientras las vírgenes insensatas fueron a comprar aceite? (25:10)

1. Las vírgenes prudentes se quedaron sin aceite.
2. **Vino el esposo.**
3. Las vírgenes prudentes se durmieron.

6 ¿Qué hizo con su dinero el hombre que recibió un talento? (25:18)

1. Ganó un talento más.
2. Puso su dinero en el banco.
3. **Cavó en la tierra y escondió su talento.**

7 Cuando volvió el señor, ¿qué dijo el hombre que recibió cinco talentos? (25:20)

1. "Lo siento. Me gasté su dinero".
2. **"He ganado otros cinco talentos".**
3. "Puse su dinero en el banco".

8 ¿Qué le dijo el señor al siervo que ganó cinco talentos más? (25:21)

1. "Bien, buen siervo y fiel".
2. "Sobre poco has sido fiel, sobre mucho te pondré".
3. **Ambas respuestas son correctas.**

9 ¿Qué dijo el señor al hombre que ganó dos talentos más? (25:23)

1. **"Entra en el gozo de tu señor".**
2. "Debes dar tus talentos a otros".
3. "Ven y disfruta de un banquete en tu honor".

10 ¿Qué le dijo el señor al hombre que escondió su único talento en la tierra? (25:26-27)

1. "Siervo malo y negligente".
2. "Debías haber dado mi dinero a los banqueros".
3. **Ambas respuestas son correctas.**

PREGUNTAS PARA LA COMPETENCIA – NIVEL AVANZADO

A fin de preparar a los niños para la competencia, léales Mateo 24:36-42; 25:1-30.

1 ¿Quién sabe el día y la hora de la segunda venida de Cristo? (24:36)

1. Los ángeles
2. **El Padre**
3. Los pastores
4. Jesús

2 ¿Por qué debemos velar y prepararnos? (24:42)

1. **Porque no sabemos cuándo vendrá nuestro Señor.**
2. Porque la gente tratará de robar en nuestra casa.
3. Porque tal vez tengamos un accidente.
4. Porque hay muchas tareas que debemos hacer.

3 ¿Qué hicieron las vírgenes cuando el esposo tardó en llegar? (25:5)

1. Buscaron al esposo.
2. Se mantuvieron despiertas unas a otras.
3. Buscaron algo que hacer.
4. **Se durmieron.**

4 ¿Qué clamor se oyó a medianoche? (25:6)

1. "¡Despierten! El esposo está por llegar".
2. **"¡Aquí viene el esposo; salid a recibirle!"**
3. "¡Enciendan sus lámparas!"
4. "¡Vayan rápido a comprar aceite! El esposo ya viene".

5 ¿Qué hicieron las vírgenes cuando oyeron el clamor a medianoche? (25:6-7)

1. Todas siguieron durmiendo.
2. Las vírgenes prudentes despertaron a las insensatas.
3. **Se levantaron y arreglaron sus lámparas.**
4. Las vírgenes prudentes se levantaron y las insensatas siguieron durmiendo.

6 ¿Qué sucedió mientras las vírgenes insensatas fueron a comprar aceite? (25:10)

1. Vino el esposo.
2. Las vírgenes que estaban preparadas entraron con él a las bodas.
3. Se cerró la puerta.
4. **Todas las respuestas son correctas.**

7 ¿Cuántos talentos dio el señor a sus siervos? (25:15)

1. **A un siervo le dio cinco talentos; a otro le dio dos talentos; y al último le dio un talento.**
2. Dio 10 talentos a un siervo, y 5 talentos a cada uno de los otros dos siervos.
3. Dio 10 talentos a cada siervo.
4. Dio 5 talentos a cada siervo.

8 ¿Qué hicieron con su dinero el hombre con cinco talentos y el hombre con dos talentos? (25:16-17)

1. Dieron sus talentos a gente que no tenía dinero.
2. **El hombre con cinco talentos ganó cinco talentos más, y el hombre con dos talentos ganó dos talentos más.**
3. Le dieron sus talentos al hombre que tenía un talento.
4. No hicieron nada con sus talentos.

9 ¿Qué hizo el señor con el talento que su siervo escondió en la tierra? (25:25, 28)

1. Se lo dio al hombre con dos talentos.
2. Lo puso en el banco.
3. **Se lo dio al hombre con 10 talentos.**
4. Se lo dio a su hijo.

10 Terminen este versículo: "Por haberse multiplicado la maldad, el amor de muchos se enfriará. Mas..." (Mateo 24:12-13)

1. **"... el que persevere hasta el fin, éste será salvo".**
2. "... Dios castigará a los que hagan el mal".
3. "... ellos no sabrán lo que hacen".
4. "... Dios permanecerá fiel".

Versículo para Memorizar

"En quien tenemos redención por su sangre, el perdón de pecados según las riquezas de su gracia" (Efesios 1:7).

Verdad Bíblica

Jesús voluntariamente se preparó para dar su vida por toda la gente.

Propósito

En esta lección, los niños aprenderán que Jesús dio un nuevo significado al pan y a la copa.

Sugerencia para la Enseñanza

Ayude a los niños a comprender el significado y la importancia de cada evento que sucedió. Lea el Comentario Bíblico y realice una investigación adicional para obtener más información.

Lección 15

Mateo 26:1-30

COMENTARIO BÍBLICO

Al acercarse el tiempo de la muerte de Jesús, Él trató de preparar a sus discípulos. Jesús dijo específicamente que sería crucificado durante el tiempo de celebración de la Pascua judía. No sabemos qué pensaron los discípulos al respecto. Más bien, vemos lo que hicieron los principales sacerdotes, verificando las palabras de Jesús. Antes que los principales sacerdotes concluyeran sus planes, Jesús declaró lo que sucedería.

También leemos de una mujer que ungió a Jesús con perfume. Una práctica funeraria común era verter aceite sobre el cuerpo. Los discípulos consideraron como desperdicio lo que la mujer hizo. Sin embargo, intentando otra vez revelar a los discípulos que sería crucificado, Jesús la alabó por sus acciones. Dijo que ella lo había hecho a fin de prepararlo para la cruz.

La crucifixión era parte del plan para Jesús. No fue un error que lo sorprendió. No fue una muerte de la que no podía escapar, aunque los líderes judíos y romanos la llevaron a cabo.

Jesús comprendía claramente la significación de su muerte y cuál era su lugar en el plan de salvación. La muerte sacrificial de Jesús llevó el sacrificio de la Pascua judía —la sangre del cordero— a su cumplimiento pleno. La cena de la Pascua también simbolizaba la salvación dada por Dios. Jesús usó la cena para mostrar que Él era el cumplimiento de la voluntad divina.

CARACTERÍSTICAS DE DIOS

- Jesús se preparó para dar su vida por toda la gente.
- Jesús nos enseñó que debemos recordarlo cuando tomamos la Santa Cena.

PALABRAS RELACIONADAS CON NUESTRA FE

Un **pacto** es un acuerdo entre Dios y su pueblo. Tanto Dios como el pueblo se hacen promesas el uno al otro. Los **pactos** de Dios nos ofrecen una relación de amor con Él.

PERSONAS

El **sumo sacerdote** era el líder espiritual del pueblo judío.

Caifás fue el sumo sacerdote que conspiró para que arrestaran a Jesús y quien pidió que lo mataran.

LUGARES

El **monte de los Olivos** era una área boscosa a donde la gente iba para escapar de la ciudad, el calor y las multitudes de Jerusalén.

OTROS TÉRMINOS

Pascua es la fiesta judía anual que celebra la liberación que Dios dio a los israelitas de la esclavitud en Egipto.

Alabastro es una piedra blanca o de color claro. La gente talla el alabastro para hacer hermosas vasijas y cajas pequeñas.

LECCIÓN BÍBLICA

Antes de relatarla a los niños, estudie la siguiente historia adaptada de Mateo 26:1-30.

Jesús dijo a sus discípulos: "Dentro de dos días se celebra la pascua, y el Hijo del Hombre será entregado para ser crucificado".

Los principales sacerdotes y los ancianos se reunieron en el palacio de Caifás, el sumo sacerdote. Allí conspiraron para arrestar a Jesús y matarlo. "Pero que no sea durante la fiesta", dijeron, "para que no haya alboroto en el pueblo".

Jesús estaba en Betania, en la casa de Simón el leproso. Entonces llegó una mujer con una vasija de alabastro con un perfume muy costoso. Y ella lo derramó sobre la cabeza de Jesús. Los discípulos dijeron: "Podríamos haber vendido ese perfume a un alto precio, y haber dado el dinero a los pobres".

Jesús dijo: "Esta mujer ha hecho conmigo una buena obra. Cuando derramó este perfume sobre mi cuerpo, lo hizo para prepararme para la sepultura. Dondequiera que se predique este evangelio, en todo el mundo, también se contará lo que ella hizo".

Judas Iscariote, uno de los doce discípulos, se reunió con los principales sacerdotes. Les preguntó: "¿Qué me darán si les entrego a Jesús?"

Los principales sacerdotes le dieron a Judas treinta piezas de plata. Entonces Judas esperaba una oportunidad para entregar a Jesús a los principales sacerdotes.

El primer día de la fiesta de los panes sin levadura, los discípulos le preguntaron a Jesús dónde quería comer la cena de la pascua. Jesús respondió: "Id a la ciudad a cierto hombre, y decidle: El Maestro dice: 'En tu casa celebraré la pascua con mis discípulos'". Los discípulos hicieron esto y prepararon la pascua.

Esa noche, Jesús estaba a la mesa con los doce discípulos. Allí dijo: "Uno de ustedes me entregará".

Todos se entristecieron y cada uno le preguntó: "¿Soy yo, Señor?"

Judas también preguntó: "¿Soy yo, Maestro?"

Jesús respondió: "Tú lo has dicho".

Después Jesús tomó el pan, bendijo y lo partió, y se lo dio a sus discípulos. Dijo: "Tomad, comed; esto es mi cuerpo".

Luego tomó la copa, dio gracias y se la entregó a sus discípulos. Dijo: "Bebed de ella todos; porque esto es mi sangre del nuevo pacto, que por muchos es derramada para remisión de los pecados".

Después de cantar un himno, se fueron al monte de los Olivos.

Pida a los alumnos que respondan las siguientes preguntas. No hay respuestas correctas o erradas. Estas preguntas ayudarán a los niños a entender la historia y aplicarla a sus vidas.

1. **¿Cómo creen que se sintieron los discípulos cuando Jesús dijo que sería crucificado, y que la mujer lo había preparado para la sepultura? Expliquen su respuesta.**
2. **¿Piensan que los discípulos hicieron mal al enojarse con la mujer que derramó perfume sobre la cabeza de Jesús? ¿Por qué sí o por qué no?**
3. **¿Cuáles fueron algunas razones por las que Judas traicionó a Jesús? ¿Alguna vez les traicionó un amigo o amiga?**
4. **Imaginen que son uno de los discípulos que estaban en la cena de la pascua. ¿Cómo se hubieran sentido cuando Jesús dijo que un discípulo lo entregaría? ¿Cómo creen que se sintió Judas al darse cuenta de que Jesús sabía que él era el traidor?**

Diga: **Al acercarse el tiempo cuando Jesús moriría, Él celebró la pascua con sus discípulos. Mientras comían, Jesús tomó el pan y lo partió. Luego lo dio a los discípulos diciéndoles que el pan representaba su cuerpo. Tomó después la copa y se las dio. Les dijo que el vino representaba su sangre, la que Él daría para el perdón de los pecados de toda la gente.**

Hoy en día, a esa comida la llamamos Santa Cena o Comunión. Los cristianos ahora participan de la Santa Cena para recordar el sufrimiento y la muerte de Jesús en la cruz. Cuando tomen la Santa Cena, piensen en lo que Jesús hizo por ustedes. Nosotros podemos recibir el perdón de nuestros pecados porque Jesús dio su vida.

ACTIVIDAD

Diga: **Hoy aprendimos acerca de la fiesta de la Pascua judía que Jesús y sus discípulos celebraron juntos. En esa fiesta, los judíos comían pan sin levadura y bebían vino. Esto simbolizaba el tiempo cuando Dios ayudó a su pueblo a escapar rápidamente del faraón** (Éxodo 12). **Durante la última cena, Jesús dio un nuevo significado al pan y al vino. Les dijo a sus discípulos que estos elementos representaban su cuerpo y su sangre. Hoy en día tomamos la Santa Cena con pan y jugo de uva para recordar el sacrificio de Jesús.**

Pida a su pastor que venga a la clase para hablar de la Santa Cena y responder preguntas que los niños pudieran tener.

VERSÍCULO PARA MEMORIZAR

Enseñe el versículo para memorizar de esta lección. Encontrará sugerencias de Actividades para Enseñar el Versículo para Memorizar en las páginas 140-141.

ACTIVIDADES ADICIONALES

Elija una de las siguientes opciones para que los niños mejoren su estudio de la Biblia.

1. Estudie la práctica en el Nuevo Testamento de derramar perfume sobre la cabeza de una persona. ¿Cuál era su significado? ¿Por qué era parte del ritual funerario? Imaginen que son la mujer que derramó el perfume sobre la cabeza de Jesús. ¿Cómo creen que se sintió ella antes, durante y después de esa acción? ¿Cómo creen que respondió cuando Jesús dijo que la gente en todo el mundo sabría lo que ella hizo por Él?
2. Hagan una línea cronológica mostrando los eventos por los que pasó Jesús en esta lección. Escriban o ilustren los siguientes aspectos para cada situación: ¿Qué sucedió? ¿Cómo respondió Jesús? ¿Cómo creen que se sintió Él acerca de lo que ocurrió?

PREGUNTAS PARA LA COMPETENCIA – NIVEL BÁSICO

A fin de preparar a los niños para la competencia, léales Mateo 26:1-30.

1 Según Jesús, ¿quién sería crucificado? (26:2)
1. **El Hijo del Hombre**
2. Pedro
3. El hijo de Juan

2 ¿Cómo se llamaba el sumo sacerdote? (26:3)
1. José
2. **Caifás**
3. Pilato

3 ¿En cuál ciudad vivía Simón el leproso? (26:6)
1. Belén
2. **Betania**
3. Jerusalén

4 ¿Qué hizo la mujer a Jesús en la casa de Simón el leproso? (26:6-7)
1. **Derramó perfume sobre su cabeza.**
2. Se inclinó ante Él como señal de respeto.
3. Le sirvió comida.

5 ¿Cómo describió Jesús el acto de la mujer que derramó perfume sobre Él? (26:10)
1. Un acto cruel
2. **Una buena obra**
3. Un desperdicio de dinero

6 Según lo que Jesús dijo a los discípulos, ¿a quiénes tendrían siempre ellos? (26:11)
1. **A los pobres**
2. A los ricos
3. Al Hijo de Dios

7 ¿Cuánto dinero le dieron los principales sacerdotes a Judas para que les entregara a Jesús? (26:14-15)
1. 10 piezas de oro
2. **30 piezas de plata**
3. 40 piezas de cobre

8 ¿Qué dijo Jesús cuando partió el pan en la cena de la pascua? (26:26)

1. "Comed este pan. Nos espera una larga noche".
2. "Este pan me recuerda a nuestros ancestros que huyeron de los egipcios".
3. **"Tomad, comed; esto es mi cuerpo".**

9 Según Jesús, ¿por qué es derramada su sangre del nuevo pacto? (26:28)

1. Para salvar solamente a sus discípulos
2. **Para remisión de los pecados**
3. Por los pecados de su familia

10 Después que Jesús y los discípulos cantaron el himno en la fiesta de la pascua, ¿a dónde fueron? (26:30)

1. **Al monte de los Olivos**
2. Al mar de Galilea
3. A la ciudad de Nazaret

PREGUNTAS PARA LA COMPETENCIA – NIVEL AVANZADO

A fin de preparar a los niños para la competencia, léales Mateo 26:1-30.

1 Dos días antes de la pascua, ¿qué dijo Jesús que le sucedería al Hijo del Hombre? (26:2)

1. **Alguien lo entregaría para ser crucificado.**
2. Sería bautizado en el río Jordán.
3. Sería el rey de Jerusalén.
4. Todas las respuestas son correctas.

2 ¿Por qué los principales sacerdotes y los ancianos no quisieron arrestar a Jesús durante la fiesta? (26:4-5)

1. Podía causar problema con los soldados romanos.
2. Tal vez había niños en la ciudad.
3. Gente inocente podía ser lastimada.
4. **Podía causar alboroto en el pueblo.**

3 ¿Qué hizo la mujer a Jesús para prepararlo para la sepultura? (26:7, 12)

1. Lo cubrió de vestiduras caras.
2. Le lavó los pies con agua.
3. **Derramó perfume sobre su cabeza.**
4. Le cortó el cabello.

4 ¿Cómo describió Jesús el acto de la mujer que derramó perfume sobre Él? (26:10)

1. Cruel
2. Confuso
3. Un desperdicio
4. **Una buena obra**

5 ¿Qué hizo Judas después de recibir las 30 piezas de plata de los principales sacerdotes? (26:15-16)

1. **Buscaba la oportunidad para entregarles a Jesús.**
2. Huyó.
3. Fue a la casa de Simón el leproso.
4. Esperaba encontrar a un soldado romano.

6 Según Jesús, ¿a quién entregaría Judas? (26:23-25)

1. A Juan
2. A José
3. **A Jesús**
4. A Pedro

7 Mientras comían la pascua, ¿qué hizo Jesús con el pan? (26:26)
1. Bendijo y partió el pan.
2. Dio el pan a sus discípulos.
3. Dijo: "Tomad, comed; esto es mi cuerpo".
4. **Todas las respuestas son correctas.**

8 ¿Qué dijo Jesús cuando tomó la copa, dio gracias y la dio a los discípulos? (26:27-28)
1. "Bebed de ella todos".
2. "Esto es mi sangre del nuevo pacto".
3. "Por muchos es derramada para remisión de los pecados".
4. **Todas las respuestas son correctas.**

9 ¿Durante cuál fiesta dio Jesús a sus discípulos un nuevo significado para el pan y la copa? (26:19, 26-28)
1. Bar Mitzva
2. Día de Expiación
3. **Pascua**
4. Hanukka

10 Terminen este versículo: "En quien tenemos redención por su sangre,..." (Efesios 1:7)
1. "... y recibimos salvación por su gracia".
2. "... somos sus hijos y él nos ha salvado".
3. **"... el perdón de pecados según las riquezas de su gracia".**
4. "... cuando tomamos la Santa Cena".

Lección 16

Mateo 26:31-56

Versículo para Memorizar

"Yendo un poco adelante, se postró sobre su rostro, orando y diciendo: Padre mío, si es posible, pase de mí esta copa; pero no sea como yo quiero, sino como tú" (Mateo 26:39).

Verdad Bíblica

Jesús luchó, pero escogió seguir la voluntad de Dios para nuestra salvación.

Propósito

Esta lección enseñará a los niños que, aunque vengan luchas, es importante que sigamos la voluntad de Dios para nosotros. Dios no desea que nadie sufra. Sin embargo, hay sufrimiento como resultado de las decisiones pecaminosas de la humanidad.

Sugerencia para la Enseñanza

Al dar la lección bíblica, recuérdeles a los niños que la voluntad de Dios es más importante que la voluntad de la gente. Jesús lo sabía y lo reflejó en su oración.

COMENTARIO BÍBLICO

Es verdad que el plan de Jesús fue entregarse en sacrificio para salvar a la humanidad del pecado y la muerte. También es verdad que Él escogió libremente ir a Jerusalén para cumplir lo que anunciaron los profetas del Antiguo Testamento. No huyó. Sin embargo, su sufrimiento y muerte inminentes no fueron algo fácil de enfrentar.

Cuando su alma estaba "triste, hasta la muerte", Jesús nos dio el mayor ejemplo de cómo responder al sufrimiento: recurrió al Padre. Jesús le dijo sinceramente al Padre que preferiría evitar la crucifixión. No obstante, se sometió a la voluntad del Padre. Jesús sabía que los resultados de su sufrimiento serían mucho más grandes que el sufrimiento mismo.

Después de esa lucha, Jesús decidió seguir la voluntad de Dios. Su determinación fue totalmente opuesta a la de los discípulos. Estos afirmaron que apoyarían a Jesús. Sin embargo, no velaron, no oraron ni resistieron la tentación. Ante el peligro, los discípulos no permanecieron leales a Cristo. No buscaron la fortaleza de Dios, y sus propias fuerzas fueron insuficientes.

Jesús era humano y también divino. Él conoce nuestras limitaciones humanas y las profundidades del sufrimiento. Jesús nos muestra el camino que debemos seguir. Este consiste en seguir la dirección de Dios y someternos a su voluntad, sin importar cuál sea el costo. Nada es más valioso que mantener nuestra relación con Dios por medio de la obediencia.

CARACTERÍSTICAS DE DIOS

- Jesús oró para conocer la voluntad de Dios.
- Jesús escogió seguir la voluntad de Dios para nuestra salvación.

PALABRAS RELACIONADAS CON NUESTRA FE

La **voluntad de Dios** es la redención que Dios desea para toda su creación. El Espíritu Santo revela la voluntad de Dios para nosotros cuando oramos, leemos la Biblia y hablamos con cristianos con experiencia.

PERSONAS

Los **hijos de Zebedeo** eran Jacobo y Juan.
El **Hijo del Hombre** era un nombre para Jesús.

LUGARES

Galilea era un área en el norte de Palestina, donde Jesús creció y predicó.
Getsemaní era un jardín en el monte de los Olivos.

OBJETOS

Negar significa rechazar o dar la espalda a alguien.
Esta copa se refiere al profundo dolor y sufrimiento que pronto Jesús experimentaría.
Entregar se refiere a traicionar, poniendo a alguien en manos de otra persona para hacerle daño.
Una **legión** era una unidad de 6,000 soldados romanos. Doce legiones de ángeles serían 72,000 ángeles.

ACTIVIDAD

Para esta actividad necesitará lo siguiente:
- Cinta adhesiva o cuerda (soga)

Antes de la clase, con la cinta adhesiva o cuerda haga dos líneas paralelas en el suelo, con 5 o 6 metros de separación entre ellas. Hágalas lo suficientemente largas como para que todos los niños puedan participar. Estas líneas marcan el inicio y el final de la caminata que harán los niños. Dígales que se separen en grupos de dos. Ayúdelos si es necesario.

Diga: **Hoy aprenderemos cómo nos ayuda Dios cuando enfrentamos algo difícil. De cada par de niños, uno debe pararse en la línea de inicio. No es una carrera. No habrá ganador. Todos los que están en la línea de inicio tienen que cruzar la línea final. Para llegar allí, tienen que saltar sobre un pie todo el camino. Cuando terminen, repetiremos la actividad. Pero, la segunda vez pueden poner una mano sobre su compañero o compañera, quien les guiará hasta la línea final.**

Espere hasta que todos los niños hayan cruzado la línea final. Diga: **Fue difícil saltar sobre un pie hasta la línea final. Sin embargo, fue mucho más fácil cuando sus compañeros los ayudaron. Hoy aprenderemos cómo Dios ayudó a Jesús cuando Jesús pasó por un tiempo difícil.**

LECCIÓN BÍBLICA

Antes de relatarla a los niños, estudie la siguiente historia adaptada de Mateo 26:31-56.

Jesús dijo a sus discípulos: "Esta noche ustedes se escandalizarán de mí. Pero después que haya resucitado, iré delante de ustedes a Galilea".

Pedro dijo: "Aunque todos se escandalicen de ti, yo nunca me escandalizaré".

Jesús respondió: "Esta noche, antes que el gallo cante, me negarás tres veces".

Pedro dijo: "Aunque tenga que morir contigo, no te negaré". Y los otros discípulos repitieron lo que Pedro había dicho.

Jesús fue con sus discípulos a Getsemaní. Jesús les dijo: "Siéntense aquí. Iré allá a orar". Y llevó con Él a Pedro, Jacobo y Juan. Jesús estaba muy triste y angustiado. Dijo a sus discípulos: "Mi alma está muy triste; quédense aquí y oren por mí".

Jesús avanzó un poco más en el jardín y se inclinó sobre su rostro para orar. Dijo: "Padre mío, si es posible, pase de mí esta copa; pero no sea como yo quiero, sino como tú".

Jesús volvió donde estaban sus discípulos. Ellos estaban durmiendo. Jesús le preguntó a Pedro: "¿No pudieron velar conmigo una hora?"

Después le dijo: "Velen y oren para que no entren en tentación; el espíritu está dispuesto, pero la carne es débil".

Jesús fue y oró otra vez, diciendo: "Padre mío, si no puede pasar de mí esta copa sin que yo la beba, hágase tu voluntad".

Cuando Jesús volvió a ver a sus discípulos, estaban durmiendo otra vez porque estaban muy cansados. Jesús los dejó y fue a orar por tercera vez.

Después Jesús regresó donde estaban los discípulos y les dijo: "Duerman y descansen. Ha llegado la hora para que el Hijo del Hombre sea entregado a pecadores. Vamos, ya viene el que me entregará".

Mientras Jesús hablaba, Judas llegó con una gran multitud. Antes, Judas le había dado una señal a la gente. Les dijo: "Al que yo bese, ése es; arréstenlo". Judas de inmediato se acercó a Jesús y le dijo: "¡Salve, Maestro!" Y le besó.

Jesús dijo: "Amigo, ¿a qué vienes?" Entonces unos hombres se acercaron y apresaron a Jesús. Uno de los discípulos sacó su espada y atacó al siervo del sumo sacerdote. Ese discípulo le cortó la oreja al siervo.

Jesús le dijo: "Guarda tu espada. Los que usan violencia, morirán en forma violenta. Si yo quisiera, oraría a mi Padre. Él enviaría más de doce legiones de ángeles para defenderme. Sin embargo, así no se cumpliría lo que dicen las Escrituras".

Jesús dijo a la multitud: "Yo no dirijo una rebelión. ¿Por qué vinieron con espadas y palos para apresarme? Cada día yo enseñaba en el templo, y no me arrestaron. Sin embargo, esto sucede para que se cumpla lo que escribieron los profetas".

Entonces los discípulos abandonaron a Jesús y huyeron.

Pida a los alumnos que respondan las siguientes preguntas. No hay respuestas correctas o erradas. Estas preguntas ayudarán a los niños a entender la historia y aplicarla a sus vidas.

1. ¿Cómo se sentiría Pedro cuando Jesús dijo que Pedro lo negaría? ¿Alguna vez defendieron a un amigo o amiga, aunque nadie más lo hizo? ¿Fue fácil o difícil?
2. Jesús oró sinceramente a Dios para que le permitiera no morir. ¿Alguna vez tuvieron que hacer para Dios algo que no querían hacer? ¿Cómo se sintieron?
3. ¿Por qué los discípulos huyeron después que la multitud apresó a Jesús? ¿Cómo creen que se sintió Jesús? ¿Han tenido ustedes amigos que no les defendieron cuando los necesitaban? ¿Cómo se sintieron ustedes?

Diga: ¿Cuál es la voluntad de Dios para mí? Esta es una pregunta que inquieta a todo cristiano en algún momento de su vida. Jesús no fue una excepción. En el jardín, Jesús estaba sumamente triste. Por eso preguntó a Dios si había alguna otra manera de cumplir su misión. Al final, Jesús escogió hacer la voluntad de Dios.

¿Cómo pueden conocer la voluntad de Dios? Lean su Biblia fielmente. Oren pidiendo la dirección de Dios y escúchenlo. Busquen la voluntad de Dios en cada área de su vida. Cuando sigan la voluntad de Dios, harán las mejores decisiones.

VERSÍCULO PARA MEMORIZAR

Enseñe el versículo para memorizar de esta lección. Encontrará sugerencias de Actividades para Enseñar el Versículo para Memorizar en las páginas 140-141.

ACTIVIDADES ADICIONALES

Elija una de las siguientes opciones para que los niños mejoren su estudio de la Biblia.

1. Como clase, dialoguen acerca de situaciones cuando la oración les ayudó. Haga una lista de esas situaciones. A los que hablaron, pídales que relaten cómo Dios les ayudó en esa situación.
2. Estudie la geografía de Jerusalén en los tiempos de Jesús. Dibuje un mapa sencillo para que les ayude en el diálogo. Guarde el mapa; úselo cuando la clase trate acerca de la crucifixión y la resurrección de Jesús.

PREGUNTAS PARA LA COMPETENCIA – NIVEL BÁSICO

A fin de preparar a los niños para la competencia, léales Mateo 26:31-56.

1 ¿A dónde dijo Jesús que iría después de su resurrección? (26:32)
1. Galilea
2. Roma
3. Jerusalén

2 ¿Quién dijo: "Aunque me sea necesario morir contigo, no te negaré"? (26:35)
1. Judas
2. Juan
3. Pedro

3 ¿A quiénes tomó Jesús con Él cuando fue a orar en Getsemaní? (26:37)

1. Marcos, Juan y Judas
2. Pedro y los hijos de Zebedeo
3. Pedro y Judas

4 ¿Cómo se sentía Jesús cuando fue a orar en Getsemaní? (26:37)

1. Triste
2. Angustiado
3. Ambas respuestas son correctas.

5 ¿Qué hizo Jesús cuando empezó a orar en Getsemaní? (26:39)

1. Se postró sobre su rostro.
2. Se sentó sobre una roca.
3. Se puso de pie.

6 Cuando Jesús oró en Getsemaní, ¿qué pidió a Dios? (26:39)

1. "Si es posible, pase de mí esta copa".
2. "Pero no sea como yo quiero, sino como tú".
3. Ambas respuestas son correctas.

7 ¿Qué le preguntó Jesús a Pedro cuando halló a los discípulos durmiendo? (26:40)

1. "¿Por qué me decepcionaron?"
2. "¿Así que no habéis podido velar conmigo una hora?"
3. "¿Vieron a Judas?"

8 ¿Cuál fue la señal que Judas dio para que apresaran a Jesús? (26:48)

1. Le dio la mano.
2. Lo besó.
3. Lo abrazó.

9 ¿Qué pasó cuando los hombres se acercaron, echaron mano a Jesús y le prendieron? (26:50-51)

1. Uno de los que estaban con Jesús le cortó la oreja al siervo del sumo sacerdote.
2. Los hombres cayeron muertos.
3. Ambas respuestas son correctas.

10 ¿Qué hicieron los discípulos después del arresto de Jesús? (26:56)

1. Siguieron durmiendo.
2. Se quedaron con Él hasta el final.
3. Lo dejaron y huyeron.

PREGUNTAS PARA LA COMPETENCIA – NIVEL AVANZADO

A fin de preparar a los niños para la competencia, léales Mateo 26:31-56.

1 ¿Qué dijo Jesús que pasaría tres veces antes que el gallo cante? (26:34)

1. Los fariseos arrestarían a Jesús.
2. La multitud crucificaría a Jesús.
3. Dios resucitaría a Jesús de los muertos.
4. Pedro negaría a Jesús.

2 ¿Para qué fue Jesús a Getsemaní? (26:36)

1. Para ayunar
2. Para orar
3. Para estar solo
4. Para celebrar la Pascua

3 ¿Qué dijo Jesús a Pedro, Jacobo y Juan cuando fue a orar en el jardín de Getsemaní? (26:37-38)

1. "Déjenme tranquilo hasta que vuelva con ustedes".
2. "Quédense aquí y descansen un momento".
3. **"Quedaos aquí, y velad conmigo".**
4. "Vayan a la entrada y vigilen".

4 ¿Qué oró Jesús en Getsemaní la primera vez? (26:39)

1. **"Padre mío, si es posible, pase de mí esta copa; pero no sea como yo quiero, sino como tú".**
2. "Estoy listo para morir".
3. "Padre, te ruego que envíes ángeles para que me ayuden".
4. "Te ruego que ayudes a mis discípulos".

5 Cuando Jesús volvió a sus discípulos, ¿qué halló? (26:40)

1. Una banda de ladrones estaba allí.
2. **Sus discípulos estaban durmiendo.**
3. Estaba lista una comida preparada para sus discípulos.
4. Una serpiente venenosa estaba allí.

6 ¿Cuánto tiempo oró Jesús antes de encontrar a sus discípulos dormidos la primera vez? (26:40)

1. **Una hora**
2. Veinte minutos
3. Dos horas
4. Diez minutos

7 Cuando los soldados llegaron para arrestar a Jesús, ¿qué dijo Él? (26:45)

1. "El Hijo del Hombre es entregado en dedos de mentirosos".
2. "El Hijo del Hombre es entregado en brazos de leones".
3. "El Hijo del Hombre es entregado en la boca de serpientes".
4. **"El Hijo del Hombre es entregado en manos de pecadores".**

8 ¿Qué hizo Judas a Jesús en Getsemaní? (26:47-49)

1. Acompañó a Jesús para orar.
2. **Entregó a Jesús.**
3. Abrazó a Jesús.
4. Golpeó a Jesús.

9 ¿Qué hicieron los que vinieron con Judas cuando éste besó a Jesús? (26:50)

1. Trataron de matar a los discípulos.
2. Cayeron al suelo llenos de temor.
3. **Echaron mano a Jesús y le prendieron.**
4. Huyeron.

10 Terminen este versículo: "Yendo un poco adelante, se postró sobre su rostro, orando y diciendo: Padre mío, si es posible,..." (Mateo 26:39)

1. "... permíteme vivir para que vea tu gloria en la tierra".
2. "... que no salga el sol hasta que yo glorifique tu nombre".
3. **"... pase de mí esta copa; pero no sea como yo quiero, sino como tú".**
4. "... perdona los pecados a esta gente".

Versículo para Memorizar

"Entonces Jesús dijo a sus discípulos: Si alguno quiere venir en pos de mí, niéguese a sí mismo, y tome su cruz, y sígame" (Mateo 16:24).

Verdad Bíblica

Jesús permaneció fiel a su Padre aunque otros estaban contra Él.

Propósito

En esta lección, los niños aprenderán que cuando otros entregaron a Jesús, le negaron o mintieron acerca de Él, Jesús fue fiel en cumplir la voluntad de Dios para nuestra salvación.

Sugerencia para la Enseñanza

Repase palabras clave de otras lecciones. Algunas palabras importantes que quizás necesite mencionar son: Caifás, sumo sacerdote e Hijo del Hombre.

Lección 17

Mateo 26:57—27:5

COMENTARIO BÍBLICO

En esta lección vemos un claro contraste. Jesús fue fiel a Dios en todo. Algunas personas que debían actuar fielmente, no lo hicieron. Los más culpables fueron los principales sacerdotes y el concilio. Los principales sacerdotes representaban a la gente ante Dios, y representaban a Dios ante la gente.

El concilio estaba formado por sacerdotes, fariseos, saduceos y ancianos. Los romanos daban al concilio la autoridad para gobernar en los asuntos civiles de los judíos. Los miembros del concilio debían vigilar el cumplimiento de la piedad y la justicia. Sin embargo, el concilio hizo todo lo posible para condenar a Jesús. Pretendiendo honrar a Dios, se mostraron como los enemigos de Jesús.

Todos hubieran esperado que Judas, siendo uno de los discípulos, fuera digno de confianza. Sin embargo, participó en la maldad de los principales sacerdotes. Después Judas sintió remordimiento, pero no se arrepintió ni acudió a Dios para pedir perdón. Más bien, dominado por la desesperación, se suicidó.

Se hubiera esperado que Pedro y Judas fueran fieles. Sin embargo, Pedro mintió al sentirse amenazado. A diferencia de Judas, Pedro se arrepintió de su infidelidad.

CARACTERÍSTICAS DE DIOS

- Jesús siguió la voluntad de Dios aunque otros no lo hicieron.
- Jesús permaneció fiel a Dios.

PALABRAS RELACIONADAS CON NUESTRA FE

Ser fiel es mostrar que uno es fidedigno y confiable. Dios es **fiel** siempre. Podemos confiar en que cumplirá sus promesas. Dios espera que su pueblo muestre fidelidad a Él y a otros.

PERSONAS

El **concilio** era la corte suprema y el cuerpo legislativo para los judíos. El concilio estaba formado por 71 miembros: los principales sacerdotes, los ancianos y los escribas. El sumo sacerdote era el líder de este grupo.

Los **principales sacerdotes** eran los que servían en categorías superiores en el templo. Eran parte del concilio.

LUGARES

El **templo de Dios** era el templo en Jerusalén.

OTROS TÉRMINOS

Blasfemia es toda palabra o acción que una persona usa para maldecir a Dios o mostrarle falta de respeto, o para afirmar que la persona es Dios.

ACTIVIDAD

Para esta actividad necesitará lo siguiente:
- Materiales para hacer una cruz (cuentas o abalorios, cuero, clavos, arcilla, madera, etc.)

Provea los materiales que tenga y pida a los niños que hagan una cruz pequeña. Muestre un modelo e indíqueles los pasos que deben seguir para hacerla. Cuando terminen, si es posible, diga a los niños que escriban en su cruz el versículo para memorizar.

LECCIÓN BÍBLICA

Antes de relatarla a los niños, estudie la siguiente historia adaptada de Mateo 26:57—27:5.

La gente que arrestó a Jesús lo llevó a Caifás, el sumo sacerdote. Pedro los siguió hasta el patio de Caifás para observar lo que pasaba. Los principales sacerdotes y el concilio buscaban evidencias falsas contra Jesús porque querían matarlo. Muchos testigos falsos hablaron, pero realmente no tenían pruebas. Finalmente dos personas se presentaron.

Dijeron: "Este hombre dijo: Puedo derribar el templo de Dios, y en tres días reedificarlo".

El sumo sacerdote le ordenó a Jesús que respondiera, pero Él permaneció callado.

Entonces el sumo sacerdote dijo: "Dinos si eres tú el Cristo, el Hijo de Dios".

Jesús dijo: "Tú lo has dicho. Desde ahora veréis al Hijo del Hombre sentado a la diestra del poder de Dios".

El sumo sacerdote rasgó su vestidura y exclamó: "¡Ha blasfemado!"

La gente empezó a gritar: "¡Es reo de muerte!" Luego escupieron a Jesús en la cara y lo golpeaban, dándole puñetazos y bofetadas. Se burlaban de Él, diciendo: "Profetízanos, Cristo, quién es el que te golpeó".

Pedro estaba en el patio cuando una criada le dijo: "Tú también estabas con Jesús el galileo".

Pedro lo negó, diciendo: "No sé lo que dices".

Cuando Pedro salía del patio, otra muchacha le dijo: "También éste estaba con Jesús el nazareno".

Pedro lo negó nuevamente con un juramento: "No conozco al hombre".

Otras personas se acercaron a Pedro y le dijeron: "En verdad también tú eres de ellos; tu manera de hablar te descubre".

Pedro les juró: "No conozco al hombre".

Al instante cantó un gallo. Entonces Pedro recordó lo que había dicho Jesús: "Antes que cante el gallo, me negarás tres veces".

Pedro salió de allí y lloró amargamente.

Al día siguiente, muy temprano, todos los principales sacerdotes y los ancianos del pueblo decidieron que debían matar a Jesús. Le ataron y lo llevaron a Poncio Pilato, el gobernador.

Judas entonces se sintió culpable. Fue para devolver las treinta piezas de plata a los principales sacerdotes y a los ancianos.

Les dijo: "Entregué a un hombre inocente".

Ellos respondieron: "¿Qué nos importa a nosotros?"

Así que Judas tiró las piezas de plata en el templo y salió de allí. Después Judas fue y se ahorcó.

Pida a los alumnos que respondan las siguientes preguntas. No hay respuestas correctas o erradas. Estas preguntas ayudarán a los niños a entender la historia y aplicarla a sus vidas.

1. ¿Por qué el concilio buscaba falsos testimonios contra Jesús? ¿Qué clase de evidencia falsa piensan que deseaban?
2. ¿Creía Caifás que Jesús era el Hijo de Dios? Expliquen su respuesta.
3. ¿Por qué el concilio decidió matar a Jesús?
4. ¿Qué creen que pensó Pedro cuando negó a Jesús? ¿Cómo creen que se sintió después de negar a Jesús?
5. ¿Qué creen que sintió Judas antes de entregar a Jesús, mientras lo entregaba, y después de entregarlo?

Diga: **Los buenos amigos son valiosos. Todos necesitamos buenos amigos. La persona que realmente es buen amigo, o buena amiga, se quedará al lado de ustedes cuando todos los demás les abandonen.** ¿Tienen un amigo o amiga confiable que les ayuda?

Jesús tenía buenos amigos: sus discípulos. Jesús pasó mucho tiempo con Pedro, Jacobo y Juan. Sin embargo, cuando Jesús tuvo que enfrentar el juicio, sus amigos lo dejaron solo. Uno de ellos incluso negó tres veces que conocía a Jesús.

Tal vez nuestros amigos nos decepcionen. Sin embargo, Jesús es nuestro amigo para siempre. Ustedes pueden confiar en Jesús. Él permaneció fiel a Dios, y permanecerá fiel a ustedes.

VERSÍCULO PARA MEMORIZAR

Enseñe el versículo para memorizar de esta lección. Encontrará sugerencias de Actividades para Enseñar el Versículo para Memorizar en las páginas 140-141.

ACTIVIDADES ADICIONALES

Elija una de las siguientes opciones para que los niños mejoren su estudio de la Biblia.

1. Estudie el sistema judicial de su gobierno. ¿Qué sucede durante un juicio? ¿Cómo considera el juez las evidencias? ¿Qué diferencias hay entre su sistema y el juicio de Jesús ante el concilio?

2. Señale las semejanzas y diferencias entre la vida de Pedro y la de Judas. Lea en Mateo las historias acerca de ellos. ¿Cuáles rasgos de carácter mostró cada uno a lo largo de su vida? ¿Qué semejanzas ven en sus acciones en la historia de hoy? ¿Cómo enfrentó cada uno su culpa? Prepare un póster con la información que encuentre. Lea Hechos para conocer más acerca de Pedro.

PREGUNTAS PARA LA COMPETENCIA – NIVEL BÁSICO

A fin de preparar a los niños para la competencia, léales Mateo 26:57—27:5.

1 Después que la gente prendió a Jesús, ¿a quién lo llevaron? (26:57)
1. A Herodes
2. A Pedro
3. A Caifás

2 ¿Quién siguió de lejos después que arrestaron a Jesús? (26:57-58)
1. Juan
2. Pedro
3. Pablo

3 ¿Qué buscaban los principales sacerdotes y el concilio durante el juicio de Jesús? (26:59)
1. Testigos verdaderos para acusar a Jesús
2. Pruebas reales contra Jesús
3. Falsos testimonios contra Jesús

4 El sumo sacerdote ordenó a Jesús que dijera a la gente si Él era el Cristo. ¿Qué dijo Jesús? (26:63-64)
1. "Tú lo has dicho".
2. "Yo no soy el Cristo".
3. "Pregúntale a la gente".

5 ¿Qué hizo la gente después que el sumo sacerdote dijo que Jesús había blasfemado? (26:65, 67)
1. Le dieron la mano a Jesús.
2. Escupieron a Jesús y lo golpearon.
3. Protegieron a Jesús.

6 ¿Qué le mostró a la gente que Pedro era seguidor de Jesús? (26:73)
1. Su pelo
2. Su manera de hablar
3. Su ropa

7 ¿Qué pasó después que Pedro negó tres veces a Jesús? (26:69-74)
1. Un gallo cantó.
2. Jacobo y Juan le recordaron a Pedro lo que dijo Jesús.
3. Un soldado arrestó a Pedro.

8 Después del juicio de Jesús, ¿qué decidieron hacerle los principales sacerdotes y los ancianos? (27:1)
1. Liberar a Jesús
2. Matar a Jesús
3. Encarcelar a Jesús

9 ¿Quién dijo: "Yo he pecado entregando sangre inocente"? (27:4)
1. Caifás
2. Pedro
3. Judas

10 ¿Qué hizo Judas con el dinero que recibió por entregar a Jesús? (27:5)
1. Lo arrojó en un pozo.
2. Lo dio a los pobres.
3. Lo arrojó en el templo.

PREGUNTAS PARA LA COMPETENCIA – NIVEL AVANZADO

A fin de preparar a los niños para la competencia, léales Mateo 26:57—27:5.

1 ¿Qué buscaban los principales sacerdotes y el concilio durante el juicio de Jesús? (26:59)
1. La verdad acerca de Jesús
2. La prueba de que Jesús era el verdadero Mesías
3. Falsos testimonios para pedir la muerte de Jesús
4. Todas las respuestas son correctas.

2 Después de los falsos testimonios durante el juicio de Jesús, ¿cómo reaccionó Él? (26:60-63)
1. Se defendió.
2. Se mostró confundido.
3. Permaneció callado.
4. Trató de escapar.

3 ¿Qué dijo Jesús cuando Caifás le preguntó si Él era el Cristo, el Hijo de Dios? (26:63-64)
1. "Tú lo has dicho".
2. "Yo no soy".
3. "Pregúntale a la gente".
4. Todas las respuestas son correctas.

4 Según Jesús, ¿qué vería el concilio desde ese momento? (26:64)
1. "Al Hijo del Hombre sentado a la diestra del poder de Dios, y viniendo en las nubes del cielo".
2. "La gloria de Dios".
3. "Al Mesías saliendo del sepulcro".
4. "Un cielo nuevo y una tierra nueva".

5 ¿Qué hizo el sumo sacerdote cuando dijo que Jesús había blasfemado? (26:65)
1. Cayó de rodillas y oró para que Dios perdonara a Jesús.
2. Golpeó a Jesús.
3. Rasgó sus vestiduras.
4. Salió corriendo del cuarto.

6 ¿Qué dijo la criada a Pedro cuando él se sentó en el patio? (26:69)
1. Que él también estaba con Jesús el galileo.
2. Que él era quien había entregado a Jesús.
3. Que también a él lo prenderían.
4. Todas las respuestas son correctas.

7 ¿Cómo respondió Pedro a la segunda persona que dijo que él era seguidor de Jesús? (26:71-72)

1. "No conozco al hombre".
2. "Yo era su amigo pero ahora ya no lo soy".
3. "Estoy orgulloso de decir que Jesús es mi amigo".
4. Todas las respuestas son correctas.

8 ¿Qué hizo Pedro cuando recordó que Jesús dijo que Pedro lo negaría tres veces? (26:75)

1. Salió y lloró amargamente.
2. Corrió a pedirle perdón a Jesús.
3. Huyó y se escondió en el templo.
4. Todas las respuestas son correctas.

9 ¿Qué hizo Judas cuando los principales sacerdotes y los ancianos no aceptaron que devolviera el dinero? (27:5)

1. Se ahorcó.
2. Trató de ayudar a Jesús para que escapara.
3. Huyó y se escondió en Nazaret.
4. Pidió perdón a Jesús.

10 Terminen este versículo: "Entonces Jesús dijo a sus discípulos: Si alguno quiere venir en pos de mí, niéguese a sí mismo, y..." (Mateo 16:24)

1. "... tome su cayado, y sígame".
2. "... tome su cruz, y sígame".
3. "... tome sus túnicas, y sígame".
4. "... tome su alfombra, y sígame".

Lección 18

Mateo 27:11-31

Versículo para Memorizar

"¿Qué, pues, haré de Jesús, llamado el Cristo?" (Mateo 27:22a).

Verdad Bíblica

Jesús da a la gente la opción de decidir cómo le responderán.

Propósito

Esta lección ayudará a los niños a comprender que ellos decidirán cómo responder a Jesús.

Sugerencia para la Enseñanza

Al dar la lección bíblica, enfóquese en las diferentes maneras en que las personas respondieron a Jesús. Hable especialmente de Pilato y el papel que desempeñó en la muerte de Jesús.

COMENTARIO BÍBLICO

Esta lección nos da la oportunidad de ver cómo distintas personas decidieron responder a Jesús. Pilato, el gobernador romano, tuvo la oportunidad de elegir si apoyaría a Jesús. Puesto que los judíos tenían que seguir la ley romana, no poseían la autoridad para dar la pena de muerte. Necesitaban el permiso de Pilato para que eso sucediera.

Pilato pensaba que Jesús era inocente según los estándares de la ley romana. Por otro lado, observó cuán envidiosos estaban los líderes judíos de la popularidad y el liderazgo de Jesús. Pilato debía decidir si condenaría a Jesús a morir, o si enfrentaría una revuelta de los judíos contra él. Pilato escogió eludir la responsabilidad y permitió que Jesús muriera.

Además, la multitud tuvo la opción de escoger cómo respondería a Jesús. Pilato les dio la oportunidad de elegir entre dos presos: Jesús o Barrabás. La gente pensó que Jesús sería un poderoso líder político. Cuando Él no cumplió esa expectativa, la multitud pidió que se liberara a Barrabás. Querían que los romanos crucificasen a Jesús.

CARACTERÍSTICAS DE DIOS

- Jesús no se defendió cuando otros le hicieron el mal.
- Jesús quiere que decidamos seguirle.

PALABRAS RELACIONADAS CON NUESTRA FE

Una **decisión** es lo que elegimos hacer. Hacemos buenas **decisiones** cuando obedecemos a Dios. Hacemos malas **decisiones** cuando desobedecemos a Dios.

PERSONAS

Barrabás era un hombre que estaba en la cárcel por asesinato y por causar disturbios.

Pilato era el gobernador romano sobre Judea y Samaria. Su responsabilidad era mantener la paz entre los judíos.

OBJETOS

Azotar significa golpear a una persona con látigo o vara.

Crucificar significa clavar a una persona a una cruz como castigo.

El **pretorio** era el palacio del gobernador romano.

ACTIVIDAD

Para esta actividad necesitará lo siguiente:
- Tiza, marcadores para pizarra blanca, o lapicero (bolígrafo)
- Pizarra, pizarra blanca o un papel grande

Antes de iniciar la clase, escriba las siguientes oraciones y colóquelas donde los niños puedan leerlas.

¿Quién es Jesús?

Jesús es el Hijo de Dios.

¿Qué hizo Jesús por ustedes?

Jesús murió por nuestros pecados.

¿Qué harás de Jesús, llamado el Cristo?

Lo recibiré como mi Salvador.

¿Cómo ayudarás a otros para que conozcan a Jesús?

Les hablaré de Jesús y lo que hizo para salvar a la gente de sus pecados.

Si otros rehúsan seguir a Jesús, ¿qué harás tú?

Continuaré siguiendo a Jesús.

Diga: **Escribí algunas oraciones que quiero que leamos juntos. Yo leeré las preguntas, y ustedes leerán las respuestas.**

Jesús nos da la oportunidad de decidir si lo seguiremos o no. Él quiere que lo sigamos, pero no nos fuerza a seguirlo. Si es apropiado, pregunte si algún niño o niña quiere pedir a Jesús que sea su Salvador y su mejor Amigo. Termine con oración, pidiendo a Dios que ayude a cada alumno a tomar la decisión de seguir a Jesús.

LECCIÓN BÍBLICA

Antes de relatarla a los niños, estudie la siguiente historia adaptada de Mateo 27:11-31.

Jesús estaba ante el gobernador, Poncio Pilato. El gobernador le preguntó: "¿Eres tú el Rey de los judíos?"

Jesús respondió: "Tú lo dices".

Los principales sacerdotes y los ancianos presentaron muchas acusaciones contra Jesús. Sin embargo, Jesús no respondía. Pilato estaba muy asombrado por eso.

Todos los años, durante la fiesta de la Pascua judía, Pilato soltaba un preso que el pueblo escogía. Esta vez había un

preso llamado Barrabás. Pilato preguntó a la gente: "¿A quién quieren que les suelte: Jesús o Barrabás?"

Más temprano ese día, Pilato había recibido un mensaje de su esposa acerca de Jesús. El mensaje decía: "No tengas nada que ver con ese justo. Anoche tuve un sueño acerca de él y ese sueño me hizo sufrir mucho". Sin embargo, los principales sacerdotes le dijeron a Pilato que soltase a Barrabás, no a Jesús.

Otra vez Pilato preguntó: "¿A cuál de los dos quieren que suelte?" Y otra vez la gente demandó que Pilato soltase a Barrabás. Pilato preguntó: "¿Qué, pues, haré de Jesús?"

La multitud respondió: "¡Sea crucificado!"

Entonces Pilato dijo: "¿Por qué debo crucificarlo? ¿Qué mal ha hecho?"

Pero la gente gritaba más fuerte: "¡Sea crucificado!"

Al ver a la gente tan agitada, Pilato pensó que podía haber más alboroto. Así que, mandó traer una vasija con agua y se lavó las manos. Pilato dijo: "Inocente soy yo de la sangre de este justo; allá vosotros".

La multitud respondió: "Su sangre sea sobre nosotros, y sobre nuestros hijos". Entonces Pilato soltó a Barrabás. Luego ordenó a los soldados que azotaran a Jesús. Después Pilato entregó a Jesús a la gente para que lo crucificasen.

Los soldados llevaron a Jesús al pretorio. Le quitaron la túnica y lo cubrieron con un manto de escarlata. Hicieron una corona con espinas y se la pusieron en la cabeza. También le dieron a Jesús una caña. Después se arrodillaban delante de Él y se burlaban. Los soldados decían: "¡Salve, Rey de los judíos!" Le escupían y, con la caña, le golpeaban en la cabeza. Después de burlarse, le quitaron el manto y le pusieron su túnica otra vez. Luego los soldados llevaron a Jesús para crucificarlo.

Pida a los alumnos que respondan las siguientes preguntas. No hay respuestas correctas o erradas. Estas preguntas ayudarán a los niños a entender la historia y aplicarla a sus vidas.

1. En su opinión, ¿por qué Jesús no respondió a las acusaciones contra Él?
2. En su opinión, ¿por qué Pilato no prestó atención a la preocupación de su esposa? ¿Alguna vez dieron ustedes un consejo a un amigo, y éste no lo siguió?
3. Pilato se lavó las manos y dijo que era inocente de la muerte de Jesús. ¿Piensan que Pilato fue verdaderamente inocente? ¿Quiénes, creen ustedes, tuvieron la mayor responsabilidad por la muerte de Jesús?

Diga: **Todos los días de nuestra vida hacemos decisiones. Algunas decisiones tienen poco impacto. Otras pueden cambiar nuestra vida en forma significativa. La gente y Pilato hicieron una decisión. Decidieron crucificar a Jesús. Su decisión cambió el curso de nuestra historia.**

Hoy en día la gente enfrenta la misma pregunta: "¿Cómo responderás a Jesús?" La respuesta que ustedes den a esa pregunta cambiará el curso de sus vidas.

¿Cómo han respondido esa pregunta? ¿Qué decisión han hecho?

VERSÍCULO PARA MEMORIZAR

Enseñe el versículo para memorizar de esta lección. Encontrará sugerencias de Actividades para Enseñar el Versículo para Memorizar en las páginas 140-141.

ACTIVIDADES ADICIONALES

Elija una de las siguientes opciones para que los niños mejoren su estudio de la Biblia.

1. Pida a los niños que imaginen ser un personaje de la lección de hoy. ¿Cómo responderían durante el juicio de Jesús? ¿En qué se diferenciarían sus respuestas a las del relato?
2. Como clase, hablen de quién es más culpable por la muerte de Jesús. Realicen un juicio, viendo la evidencia en favor y en contra de cada personaje de la historia.

PREGUNTAS PARA LA COMPETENCIA – NIVEL BÁSICO

A fin de preparar a los niños para la competencia, léales Mateo 27:11-31.

1 ¿Qué dijo Jesús cuando Pilato le preguntó: "Eres tú el Rey de los judíos? (27:11)
1. "No".
2. "Tú lo dices".
3. "¿Por qué quieres saber?"

2 ¿Cómo reaccionó Pilato cuando Jesús no respondió a ninguna de las acusaciones? (27:14)
1. Quedó satisfecho.
2. Se entristeció.
3. Se maravillaba mucho.

3 ¿Qué acostumbraba hacer el gobernador en el día de la fiesta? (27:15)
1. Soltaba un preso.
2. Encarcelaba a alguien.
3. Crucificaba a alguien.

4 ¿Cuál opción dio Pilato al pueblo acerca de Barrabás y Jesús? (27:17)
1. Dejar a los dos en la cárcel
2. Soltar a Barrabás o a Jesús
3. Crucificar a los dos

5 ¿Quién le dijo a Pilato que no tuviera nada que ver con Jesús? (27:19)
1. La esposa de Pilato
2. Un ángel de Dios
3. María, la madre de Jesús

6 ¿Quiénes persuadieron a la multitud para pedir que soltasen a Barrabás? (27:20)
1. Judas
2. Los principales sacerdotes y los ancianos
3. Los discípulos de Jesús

7 ¿Qué pidió la gente a Pilato en cuanto a Jesús? (27:22)

1. "¡Sea liberado!"
2. "¡Sea apedreado!"
3. **"¡Sea crucificado!"**

8 ¿Quiénes dijeron: "Su sangre sea sobre nosotros, y sobre nuestros hijos"? (27:25)

1. Los principales sacerdotes y los ancianos
2. Pilato y Herodes
3. **El pueblo que condenó a Jesús**

9 ¿De qué color era el manto que los soldados le pusieron a Jesús? (27:28)

1. Azul
2. **Escarlata**
3. Blanco

10 ¿Qué hicieron los soldados antes de llevar a Jesús para crucificarlo? (27:30-31)

1. **Le escupieron y lo golpearon en la cabeza.**
2. Lo pisotearon.
3. Lo arrastraron por Jerusalén.

PREGUNTAS PARA LA COMPETENCIA – NIVEL AVANZADO

A fin de preparar a los niños para la competencia, léales Mateo 27:11-31.

1 ¿Cómo respondió Jesús cuando Pilato le preguntó: "¿Eres tú el Rey de los judíos"? (27:11)

1. Jesús no dijo nada.
2. **Jesús respondió: "Tú lo dices".**
3. Jesús dijo: "El Hijo del Hombre ha venido a derramar su sangre para el perdón de muchos".
4. Jesús citó Isaías 53.

2 ¿Por qué Pilato permitía que el pueblo eligiese un preso para soltarlo? (27:15)

1. **Era la costumbre del gobernador en el día de la fiesta.**
2. Temía al sumo sacerdote.
3. No tenía autoridad para soltar a Jesús.
4. Todas las respuestas son correctas.

3 ¿Quién era Barrabás? (27:16)

1. Un político de mala fama
2. El hermano de Jesús
3. Un discípulo
4. **Un preso conocido**

4 ¿Qué hizo la gente en el juicio por envidia? (27:18)

1. **Entregaron a Jesús en manos de Pilato.**
2. Se gritaron unos a otros.
3. Entregaron a Jesús en manos de Herodes.
4. Escucharon a Jesús.

5 ¿Qué le dijo la esposa a Pilato durante el juicio de Jesús? (27:19)

1. "Quiero que crucifiques a Jesús".
2. **"Hoy he padecido mucho en sueños por causa de él".**
3. "Déjame saber qué decides hacer".
4. "Deberías soltar a Barrabás".

6 ¿Por qué el pueblo empezó a hacer más alboroto? (27:24)

1. Porque Jesús se estaba enojando.
2. Porque Pilato trató de defender a Jesús.
3. Porque Barrabás se estaba poniendo violento.
4. Porque Pilato envió a algunas personas al templo.

7 ¿Qué dijo el pueblo acerca de la responsabilidad por la muerte de Jesús? (27:25)

1. "Su sangre sea sobre nosotros, y sobre nuestros hijos".
2. "Es tu responsabilidad".
3. "Su sangre será sobre los fariseos y saduceos".
4. "Fue Judas quien vendió a Jesús por 30 piezas de plata. Sea la sangre de Jesús sobre Judas".

8 Después de lavarse las manos, ¿qué hizo Pilato? (27:26)

1. Soltó a Barrabás.
2. Azotó a Jesús.
3. Entregó a Jesús para que fuese crucificado.
4. Todas las respuestas son correctas.

9 ¿Cuáles fueron las tres cosas que los soldados hicieron que Jesús usara antes de su crucifixión? (27:28-29)

1. Un manto, una corona de espinas y un par de sandalias
2. Un manto, una caña y un poco de vino
3. Un manto, una corona de espinas y una caña
4. Una corona de espinas, un poco de vino y una caña

10 Terminen este versículo: "¿Qué, pues, haré de..." (Mateo 27:22a)

1. "... Judas, el traidor?"
2. "... Jesús, llamado el Cristo?"
3. "... Jesús, llamado el Hijo del Hombre?
4. "... "Barrabás, el criminal?"

Lección 19

Mateo 27:32-56

Versículo para Memorizar

"Porque de tal manera amó Dios al mundo, que ha dado a su Hijo unigénito, para que todo aquel que en él cree, no se pierda, mas tenga vida eterna" (Juan 3:16).

Verdad Bíblica

Jesús voluntariamente sufrió y murió para que todos, aun sus enemigos, pudieran recibir salvación del pecado.

Propósito

En esta lección, los niños aprenderán que Jesús murió en una cruz para darnos el perdón de nuestros pecados.

Sugerencia para la Enseñanza

El pasaje en Mateo acerca de la crucifixión de Jesús es menos gráfico que las versiones de los otros evangelistas. Sin embargo, esta lección podría traumatizar a algunos niños. Si alguno pide más detalles sobre ese tema, sea sensible a los niños que quizás no puedan soportar los terribles detalles de la muerte de Jesús.

COMENTARIO BÍBLICO

Mientras estaba en la cruz, Jesús fue rechazado por judíos y gentiles (los que no son judíos). Los judíos lo rechazaron porque Él afirmó ser el Hijo de Dios. Los gentiles lo rechazaron porque Él declaró ser rey.

Después de la muerte de Jesús, ocurrieron muchos eventos sobrenaturales. La cortina o velo del templo se rasgó de arriba abajo. Este hecho significó que los creyentes ya podían comunicarse directamente con Dios. Hubo un terremoto, algunas tumbas se abrieron y muchas personas santas resucitaron.

Estos eventos asombraron a un centurión romano y a los soldados que estaban con él. Reconocieron a Jesús como el Hijo de Dios. Por tanto, no fue un judío quien reconoció la divinidad de Jesús. Más bien, fue un soldado romano, un gentil.

Estos eventos milagrosos manifestaron la verdadera identidad de Jesús. Fueron la culminación de su misión expiatoria. Esta expiación está disponible por medio de la muerte de Jesús en la cruz. La victoria de Jesús en la cruz fue su triunfo sobre el pecado de la humanidad.

En la cruz, Jesús sintió sobre sus hombros el peso del pecado del mundo. A pesar de la agonía que soportó, escogió morir para que todos pudiéramos recibir perdón por el pecado.

CARACTERÍSTICAS DE DIOS

- Dios nos ama tanto que envió a su Hijo para mostrarnos cómo podemos tener vida abundante.
- Jesús dio su vida voluntariamente para demostrarnos el amor del Padre.

PALABRAS RELACIONADAS CON NUESTRA FE

Salvación es todo lo que hace Dios para quitar el pecado y crear una buena relación entre Él y una persona. Dios envió a su Hijo, Jesús, quien murió en la cruz y llegó a ser nuestro Salvador. Los que piden a Jesús que sea su Salvador, reciben **salvación** como un regalo gratuito.

PERSONAS

María Magdalena era una mujer de la ciudad de Magdala, en el mar de Galilea.

Simón de Cirene fue el hombre que llevó una cruz para Jesús.

LUGARES

Cirene era una ciudad en África del norte.

Gólgota fue el lugar donde Jesús murió en la cruz.

La **santa ciudad** es otro nombre de Jerusalén.

OTROS TÉRMINOS

Hiel es el extracto de una planta. Jesús rehusó beber una mezcla de hiel y vinagre cuando estaba en la cruz. Esa mezcla le hubiese aliviado el dolor.

El **velo del templo** era una cortina azul, púrpura y escarlata que separaba el lugar santísimo de las áreas externas del templo.

ACTIVIDAD

Para esta actividad necesitará lo siguiente:
- Láminas de madera, cartulina o papel para cada niño
- Materiales para escribir, dibujar y pintar

Diga: **Hoy aprenderemos acerca de la muerte de Jesús en la cruz. Los soldados colocaron la causa escrita sobre la cabeza de Jesús. Las palabras eran: "Este es Jesús, el Rey de los Judíos".**

¿Qué palabras usaría alguien para describirlos a ustedes?

Pida a los niños que hagan un letrero, con pocas palabras, describiéndose a sí mismos. Si es posible, ayúdelos a poner un marco a sus letreros y dígales que los lleven a sus casas.

LECCIÓN BÍBLICA

Antes de relatarla a los niños, estudie la siguiente historia adaptada de Mateo 27:32-56.

Cuando los soldados iban hacia un lugar llamado Gólgota, vieron a Simón de Cirene y lo obligaron a llevar una cruz para Jesús.

Después llegaron a Gólgota, que significa Lugar de la Calavera. Allí los soldados le dieron a Jesús una mezcla de hiel y vinagre. Jesús lo probó pero no quiso tomarlo.

Cuando los soldados crucificaron a Jesús, se repartieron sus ropas por suerte. Luego se sentaron para vigilar. Sobre la cabeza de Jesús, los soldados habían puesto la causa escrita contra Él, que decía: "ESTE ES JESÚS, EL REY DE LOS JUDÍOS".

Dos ladrones también fueron crucificados con Jesús. Uno estaba a la derecha y el otro a la izquierda. La gente que pasaba por ahí le insultaba. Decían: "Sálvate a ti mismo; si eres Hijo de Dios, desciende de la cruz".

Los principales sacerdotes, los escribas, los fariseos y ancianos se burlaban de Jesús. Decían: "A otros salvó, a sí mismo no se puede salvar. Si desciende ahora de la cruz, creeremos en él. Confió en Dios; líbrele ahora si le quiere; porque ha dicho: Soy Hijo de Dios".

Los ladrones que estaban cerca de Él también lo insultaban.

Desde la sexta hora hasta la novena hora, las tinieblas cubrieron toda la tierra. Cerca de la novena hora, Jesús exclamó en voz alta: "Elí, Elí, ¿lama sabactani?" Eso significa: "Dios mío, Dios mío, ¿por qué me has desamparado?"

Algunos pensaron que Jesús llamaba a Elías. Una persona corrió y empapó una esponja con vinagre; luego la puso en una caña larga para darle de beber a Jesús.

Pero otros decían: "Déjalo solo. Veamos si viene Elías a salvarlo".

Entonces Jesús clamó a gran voz, y murió.

En ese momento, el velo del templo se partió en dos, de arriba abajo. La tierra tembló y las rocas se partieron. Los sepulcros se abrieron y muchas personas santas, que habían muerto, estaban con vida otra vez. Estas personas fueron a la santa ciudad y se aparecieron a mucha gente.

El centurión y los que estaban vigilando a Jesús tuvieron mucho temor. Exclamaron: "Verdaderamente éste era Hijo de Dios".

Muchas mujeres habían seguido a Jesús desde Galilea para servirle. Entre ellas estaban María Magdalena, María la madre de Jacobo y José, y la madre de los hijos de Zebedeo. Ellas vieron de lejos todo lo que había sucedido.

Pida a los alumnos que respondan las siguientes preguntas. No hay respuestas correctas o erradas. Estas preguntas ayudarán a los niños a entender la historia y aplicarla a sus vidas.

1. Imaginen que son Simón de Cirene. ¿Cómo creen que se sintió él al llevar una cruz pesada para Jesús? ¿Dónde estaban los discípulos de Jesús? ¿Piensan que ellos deberían haber cargado la cruz para Jesús?
2. Imaginen que son una persona de la multitud en la crucifixión de Jesús. ¿Cómo hubieran reaccionado al verlo? ¿Se hubieran burlado de Él?
3. Lean Mateo 27:46. ¿Qué clase de dolor hizo que Jesús dijera esas palabras?
4. ¿Cómo creen que se sintieron el centurión y los soldados después que murió Jesús? ¿Cómo creen que se sintieron los principales sacerdotes y los ancianos? ¿Piensan que ellos al fin creyeron que Jesús era Hijo de Dios?
5. En cuanto a las mujeres que servían a Jesús, ¿qué cosas creen que hacían para Él? ¿Qué creen que sentía Jesús hacia esas mujeres?

Diga: **Jesús sabía que Dios permitiría que Él sufriera y muriera para que la gente pudiera recibir salvación. Jesús voluntariamente dio su vida por toda la gente. Por medio de la muerte de Jesús, nosotros podemos recibir perdón de nuestros pecados y la vida eterna.**

¿Han pedido perdón a Dios por sus pecados y han aceptado a Jesús como su

Salvador? Si lo hicieron, pueden regocijarse con Jesús. Si todavía no lo han hecho, pueden hacerlo ahora. Jesús quiere recibirles como miembros de la familia de Dios.

VERSÍCULO PARA MEMORIZAR

Enseñe el versículo para memorizar de esta lección. Encontrará sugerencias de Actividades para Enseñar el Versículo para Memorizar en las páginas 140-141.

ACTIVIDADES ADICIONALES

Elija una de las siguientes opciones para que los niños mejoren su estudio de la Biblia.

1. Pida a los niños que piensen en algo que sacrificarían por alguien. Por ejemplo, se puede sacrificar tiempo para ayudar a un hermano o hermana en una tarea o trabajo en la casa. O, se puede sacrificar tiempo o dinero para ayudar a una persona necesitada. Pregunte: ¿Qué tienen ustedes que podrían sacrificar? ¿Cómo ayudaría a alguien su sacrificio?

   El sacrificio de Jesús fue mucho más grande que cualquier cosa que nosotros podamos hacer. Sin embargo, nuestro sacrificio puede ayudarnos a percibir cómo se sintió Él cuando dio su vida para salvar a la gente de sus pecados.

2. Muchas clases diferentes de personas fueron testigos de la muerte de Jesús. Lea la historia a los niños. Como clase, escriban cómo actuó cada uno de los siguientes grupos: la gente, los principales sacerdotes, el centurión y los soldados, y las mujeres. Pregunte: ¿A cuál grupo se unirían ustedes? ¿Cómo responderían ustedes a Jesús?

PREGUNTAS PARA LA COMPETENCIA – NIVEL BÁSICO

A fin de preparar a los niños para la competencia, léales Mateo 27:32-56.

1 ¿Quién llevó una cruz para Jesús? (27:32)
1. Judas de Samaria
2. María Magdalena
3. Simón de Cirene

2 ¿A dónde llevaron a Jesús para crucificarlo? (27:33)
1. Galilea
2. Gólgota
3. El mar Muerto

3 ¿Qué hicieron los soldados con la ropa de Jesús? (27:35)
1. La repartieron entre ellos, echando suertes.
2. La vendieron.
3. Se la dieron a los pobres.

4 Cuando Jesús estaba en la cruz, ¿qué decía el letrero que estaba sobre Él? (27:37)
1. "Este es Jesús, el traidor".
2. "Este es Jesús, el Rey de los Judíos".
3. "Este es el hombre al que llaman Jesús".

5 ¿Quiénes estaban en las cruces cerca de Jesús? (27:38)
1. Barrabás y Judas
2. Dos ladrones
3. Pedro y Juan

6 ¿Qué hacían los dos ladrones que estaban cerca de Jesús? (27:44)
1. Le injuriaban.
2. Le rogaban a Jesús que los perdonara.
3. Ambas respuestas son correctas.

7 ¿Qué trató de darle la gente a Jesús cuando pensaron que él llamaba a Elías? (27:47-48)
1. Agua
2. Vinagre
3. Ambas respuestas son correctas.

8 Cuando murió Jesús, ¿qué sucedió en el templo? (27:50-51)
1. Un incendio destruyó el templo.
2. El velo del templo se rasgó de arriba abajo.
3. El templo se derrumbó.

9 ¿Qué hicieron las personas santas que salieron de los sepulcros? (27:52-53)
1. Se aparecieron a mucha gente en la santa ciudad.
2. Sanaron a los enfermos.
3. Predicaron el evangelio.

10 ¿Cuándo dijeron el centurión y los soldados que Jesús era el Hijo de Dios? (27:54)
1. Cuando Jesús no trató de defenderse
2. Cuando vieron todo lo que pasó
3. Ambas respuestas son correctas.

PREGUNTAS PARA LA COMPETENCIA – NIVEL AVANZADO

A fin de preparar a los niños para la competencia, léales Mateo 27:32-56.

1 ¿Qué hizo Simón de Cirene? (27:32)
1. Llevó una cruz para Jesús.
2. Azotó a Jesús.
3. Clavó las manos de Jesús a la cruz.
4. Se burló de Jesús.

2 ¿Qué significa *Gólgota*? (27:33)
1. Lugar de la Muerte
2. Lugar de la Calavera
3. Campo de Sangre
4. Campo del Alfarero

3 ¿Qué hacía la gente cuando pasaba cerca de Jesús en la cruz? (27:39-40)
1. Injuriaban a Jesús.
2. Oraban a Jesús.
3. Rogaban a Jesús que tuviera misericordia.
4. Todas las respuestas son correctas.

4 ¿Qué decía la gente que Jesús debía hacer si era el Hijo de Dios? (27:40)
1. Dividir el mar Rojo
2. Descender de la cruz
3. Matar a los soldados romanos
4. Matar al sumo sacerdote

5 ¿Qué clamó Jesús a gran voz? (27:46)

1. "Perdóname".
2. "Elías, ven y sálvame".
3. **"Dios mío, Dios mío, ¿por qué me has desamparado?"**
4. "El día del juicio llegó para ustedes".

6 Cuando Jesús clamó a gran voz en la cruz, ¿por qué algunos decían: "Déjalo"? (27:49)

1. Querían ver si Dios enviaría ángeles para rescatar a Jesús.
2. Querían que Jesús sufriera.
3. Pensaban que Jesús estaba poseído por un espíritu malo.
4. **Querían ver si Elías vendría para librar a Jesús.**

7 ¿Qué sucedió antes que Jesús entregara el espíritu y muriera? (27:50)

1. **Jesús clamó a gran voz.**
2. Jesús comió pan y bebió jugo.
3. Jesús oró el Padre Nuestro.
4. Jesús causó un terremoto.

8 ¿Quiénes temieron y dijeron: "Verdaderamente éste era Hijo de Dios"? (27:54)

1. Los principales sacerdotes
2. Los fariseos
3. **El centurión y los que guardaban a Jesús**
4. Los discípulos

9 ¿Quiénes fueron tres de las mujeres que siguieron a Jesús de Galilea para servirle? (27:55-56)

1. María, Marta y Tabita
2. **María Magdalena, María la madre de Jacobo y José, y la madre de los hijos de Zebedeo**
3. Marta, María y Dorcas
4. Tres mujeres llamadas María

10 Terminen este versículo: "Porque de tal manera amó Dios al mundo, que ha dado a su Hijo unigénito, para que todo aquel..." (Juan 3:16)

1. "... que lo conozca, conozca a Dios".
2. **"... que en él cree, no se pierda, mas tenga vida eterna".**
3. "... que comparta su amor, reciba amor".
4. "... que le pida perdón, sea perdonado".

Lección 20

Mateo 27:57—28:20

Versículo para Memorizar

"Por tanto, id, y haced discípulos a todas las naciones, bautizándolos en el nombre del Padre, y del Hijo, y del Espíritu Santo; enseñándoles que guarden todas las cosas que os he mandado; y he aquí yo estoy con vosotros todos los días, hasta el fin del mundo. Amén" (Mateo 28:19-20).

Verdad Bíblica

Jesús resucitó de los muertos y dio la gran comisión a sus seguidores.

Propósito

En esta lección, los niños aprenderán que Jesús dio a sus seguidores el mandato de hacer discípulos a todas las naciones.

Sugerencia para la Enseñanza

Al dar la lección bíblica, enfóquese en el milagro de la resurrección. Puesto que Jesús vive, tenemos la esperanza de una vida transformada.

COMENTARIO BÍBLICO

José de Arimatea era miembro del concilio que condenó a Jesús. Según los evangelistas Marcos y Lucas, José era un discípulo secreto de Cristo.

No era inusual que alguien sepultara a su maestro. Cuando José pidió a Pilato el cuerpo de Jesús, no fue algo extraño. Bajo la ley romana, cuando morían los criminales, éstos no recibían una sepultura apropiada. Al dedicar de su tiempo y dinero para dar a Jesús un entierro apropiado, José lo honró.

Esta situación proporcionó evidencia de la resurrección en tres formas. Primero, el hecho de que el cuerpo de Jesús estaba en un sepulcro nuevo, con una piedra que cubría la entrada, significa que Jesús estaba muerto. Segundo, esa gran piedra no permitía que un humano saliera del sepulcro. Finalmente, una persona no hubiese podido poner otro cuerpo para remplazar el cuerpo de Jesús.

Los principales sacerdotes y los fariseos recordaban la profecía de Jesús: que Él resucitaría después de tres días. Por tanto, hicieron arreglos para impedir que los discípulos pudieran decir que había ocurrido una resurrección. Sin embargo, el terremoto, el ángel, los guardas temerosos, y la gran piedra que había sido removida, fueron evidencias adicionales de la resurrección de Jesús.

Esta evidencia probó que Jesús era quien afirmó ser, y que su misión tuvo éxito. La expiación de Jesús quedó completa en la resurrección. Los creyentes ahora pueden experimentar una nueva vida gracias a la muerte y la resurrección de Jesús.

CARACTERÍSTICAS DE DIOS
- Jesús resucitó de los muertos y demostró su poder sobre la muerte.
- Jesús quiere que hagamos discípulos a todas las naciones.

PALABRAS RELACIONADAS CON NUESTRA FE
La gran comisión es el mandato de Jesús de que debemos ir, enseñar, bautizar y dar las buenas nuevas del evangelio a la gente de todo el mundo.

PERSONAS
José era un varón judío rico y miembro del concilio. Él secretamente creía en Jesús. Usó sus recursos para darle a Jesús una sepultura apropiada.

LUGARES
Arimatea era una ciudad a 32 kilómetros al noroeste de Jerusalén.

OBJETOS
Día de preparación era el día previo al día de reposo, y el día previo a la fiesta judía.

Día de reposo era el día que Dios apartó para descansar, para adorar a Dios y ayudar a otros.

Discipular significa enseñar a alguien acerca de Cristo y cómo debe seguirle.

ACTIVIDAD
Para esta actividad necesitará lo siguiente:
- Varias piedras suaves, una para cada niño
- Marcadores o pintura

Antes de la clase, limpie las piedras. Asegúrese de que todas sean de un tamaño apropiado para que los niños puedan dibujar en ellas o pintarlas.

Diga: **Cuando Jesús resucitó, la piedra había sido removida de la entrada del sepulcro. Hoy decoraremos unas piedras para recordar la resurrección de Jesús. Usando marcadores [o pinturas], escriban en su piedra: "¡Ha resucitado!" Después pueden decorarla como deseen.**

Cuando los niños terminen de decorar las piedras, dígales que las muestren a la clase. Diga: **Hoy hicimos algo para recordar la resurrección de Jesús. Ahora escucharemos acerca de la resurrección y una tarea que Jesús dio a todos sus seguidores.**

LECCIÓN BÍBLICA
Antes de relatarla a los niños, estudie la siguiente historia adaptada de Mateo 27:57—28:20.

Después que Jesús murió, José de Arimatea pidió a Pilato que le entregara el cuerpo de Jesús. Pilato aceptó, y José envolvió el cuerpo de Jesús en una sábana limpia. Después José puso el cuerpo en su propio sepulcro, y pidió que hicieran rodar una gran piedra para cubrir la entrada.

Los principales sacerdotes y los fariseos fueron a hablar con Pilato. Le dijeron: "Señor, dijo Jesús que resucitaría después de tres días. Ordena que vigilen el sepulcro por tres días. De otra manera, sus discípulos vendrán, robarán el cuerpo y dirán que él resucitó de los muertos".

Pilato respondió: "Pueden tener una guardia. Aseguren el sepulcro como

saben hacerlo". Entonces pusieron un sello sobre la piedra, y unos guardas se quedaron para vigilar la tumba.

Después del día de reposo, María Magdalena y la otra María fueron al sepulcro. De pronto hubo un fuerte terremoto y un ángel descendió del cielo. El ángel hizo rodar la piedra y se sentó sobre ella. Los guardas tuvieron mucho miedo del ángel y comenzaron a temblar hasta quedar como muertos.

El ángel dijo a las mujeres: "No teman. Sé que buscan a Jesús, el que fue crucificado. No está aquí. Él resucitó, tal como dijo. Vengan y vean, su sepulcro está vacío. Ahora vayan y digan a sus discípulos que Jesús resucitó de los muertos. Díganles también que Él va delante de ellos a Galilea. Allí lo verán".

Las mujeres salieron rápidamente del sepulcro y corrieron para contarles todo a los discípulos. Sin embargo, en el camino Jesús se les apareció. Las saludó, y ellas abrazaron los pies de Jesús. Él dijo: "No teman. Digan a mis discípulos que vayan a Galilea. Allí me verán".

Los soldados fueron a la ciudad y les informaron a los principales sacerdotes lo que había pasado. Entonces los principales sacerdotes y los ancianos tramaron un plan. Les pagaron a los guardas mucho dinero. Después les ordenaron: "Digan a la gente que los discípulos de Jesús vinieron de noche y robaron el cuerpo. Así el gobernador no los castigará". Los soldados recibieron el dinero y siguieron el plan. Hasta ahora muchos judíos creen esa historia.

Los once discípulos se reunieron con Jesús en Galilea. Allí Él les dijo: "Id y haced discípulos a todas las naciones. Bautícenlos en el nombre del Padre, y del Hijo, y del Espíritu Santo. Enséñenles a obedecer todo lo que les he mandado. Yo estaré con ustedes siempre, hasta el fin del mundo".

Pida a los alumnos que respondan las siguientes preguntas. No hay respuestas correctas o erradas. Estas preguntas ayudarán a los niños a entender la historia y aplicarla a sus vidas.

1. ¿Creían los fariseos y ancianos que Jesús realmente resucitaría? ¿Por qué dijeron a los soldados que mintieran?
2. ¿Por qué José ofreció su dinero y su sepulcro para sepultar a Jesús? ¿Alguna vez alguien sacrificó algo valioso por ustedes?
3. El pasaje de Mateo 28:16-20 generalmente es llamado la Gran Comisión. ¿En qué maneras podemos cumplir el mandato de Jesús de hacer discípulos a todas las naciones?

Diga: ¿Cuáles son las mejores noticias que han oído ustedes? Las noticias que los discípulos recibieron tres días después que murió Jesús, son las mejores noticias. Los discípulos pensaban que Jesús estaba muerto, y después supieron que estaba vivo. La resurrección de Jesús hace que el cristianismo sea totalmente diferente de las otras religiones. Estas son las buenas noticias que aún se dan ahora.

El mandato que dio Jesús fue de ir y hacer discípulos en todo el mundo, bautizarlos y enseñarles. Este mandato es para nosotros también. El objetivo es alcanzar a todo el mundo con el mensaje de Jesucristo. ¡Jesús prometió que Él estaría con nosotros siempre!

VERSÍCULO PARA MEMORIZAR

Enseñe el versículo para memorizar de esta lección. Encontrará sugerencias de Actividades para Enseñar el Versículo para Memorizar en las páginas 140-141.

ACTIVIDADES ADICIONALES

Elija una de las siguientes opciones para que los niños mejoren su estudio de la Biblia.

1. En todo el evangelio de Mateo vemos que Jesús realizó muchos milagros. Como clase, hagan una lista de algunos de los milagros. Usen marcadores o crayones para hacer dibujos de los milagros favoritos de la clase.
2. Estudie el significado de la palabra "discípulo". ¿Cómo enseñaba Jesús a sus discípulos? Como clase, dialoguen acerca de maneras en que podemos tener la misma relación con las personas en nuestra vida.

PREGUNTAS PARA LA COMPETENCIA – NIVEL BÁSICO

A fin de preparar a los niños para la competencia, léales Mateo 27:57—28:20.

1 ¿Qué hizo José con el cuerpo de Jesús? (27:59-60)
1. Lo envolvió en una sábana limpia.
2. Lo puso en su propio sepulcro nuevo.
3. Ambas respuestas son correctas.

2 ¿Qué hizo José en la entrada del sepulcro? (27:60)
1. Hizo rodar una gran piedra a la entrada del sepulcro.
2. Puso unas flores en el sepulcro.
3. Escribió el nombre de Jesús afuera del sepulcro.

3 ¿Qué hicieron los principales sacerdotes y los fariseos para asegurar el sepulcro? (27:66)
1. Sellaron la piedra.
2. Pusieron una guardia.
3. Ambas respuestas son correctas.

4 ¿Quiénes fueron a ver el sepulcro al amanecer del primer día de la semana? (28:1)
1. María Magdalena y la otra María
2. Pedro y Juan
3. Pilato

5 ¿Qué sucedió en el sepulcro? (28:2)
1. Los discípulos se llevaron el cuerpo de Jesús.
2. Descendió un ángel del cielo y removió la piedra.
3. Cayó una fuerte lluvia.

6 ¿Qué les pasó a los guardas en el sepulcro de Jesús cuando vieron al ángel? (28:4)
1. Se postraron ante el ángel.
2. Tuvieron miedo y temblaron hasta quedar como muertos.
3. Se enojaron.

7 ¿Quién se presentó ante las mujeres cuando salieron corriendo del sepulcro? (28:8-9)

1. Jesús
2. Otros ángeles
3. Pedro, Jacobo y Juan

8 ¿Quiénes informaron a los principales sacerdotes todo lo que había sucedido en el sepulcro? (28:11)

1. Los guardas
2. Los discípulos
3. Los ángeles

9 ¿Qué hicieron los principales sacerdotes y los ancianos cuando los guardas dijeron que Jesús no estaba en el sepulcro? (28:12-15)

1. Encontraron a Jesús en la ciudad.
2. Planearon matar a los discípulos.
3. Pagaron a los guardas para que dijesen que los discípulos habían robado el cuerpo de Jesús.

10 ¿Qué hicieron los once discípulos cuando fueron a Galilea y vieron a Jesús? (28:16-17)

1. Huyeron por temor.
2. Le adoraron; pero algunos dudaban.
3. Ambas respuestas son correctas.

PREGUNTAS PARA LA COMPETENCIA – NIVEL AVANZADO

A fin de preparar a los niños para la competencia, léales Mateo 27:57—28:20.

1 ¿Qué hizo José de Arimatea? (27:57-58)

1. Pidió a Pilato el cuerpo de Jesús.
2. Pagó a los principales sacerdotes porque tenían el cuerpo de Jesús.
3. Buscó a los 12 discípulos.
4. Dio una enorme cantidad de dinero a los pobres.

2 Después que Jesús fue sepultado, ¿qué temían los principales sacerdotes y fariseos que podían hacer los discípulos? (27:64)

1. Resucitar a Jesús de los muertos
2. Robar el cuerpo de Jesús
3. Matar al sumo sacerdote
4. Huir y esconderse

3 ¿Cuánto tiempo asegurarían los guardas el sepulcro? (27:64)

1. Por un día
2. Hasta el segundo día
3. Hasta el tercer día
4. Por un año

4 ¿Cómo aseguraron el sepulcro los oficiales de Pilato? (27:66)

1. Cubrieron la entrada con tierra.
2. Pusieron un candado en la puerta.
3. Sellaron la piedra y pusieron una guardia.
4. Rodearon el sepulcro con los principales sacerdotes y los ancianos.

5 ¿Quién removió la piedra de la entrada del sepulcro de Jesús? (28:2)

1. Las dos mujeres
2. Pilato
3. Nicodemo
4. **Un ángel del Señor**

6 ¿Qué dijo el ángel a las mujeres acerca de Jesús? (28:5-7)

1. "Él se fue para estar con el Padre".
2. "Él está en el templo".
3. "Él está con los discípulos".
4. **"Ha resucitado, como dijo".**

7 ¿Cuál fue el mensaje que el ángel dio a las mujeres para los discípulos de Jesús? (28:7)

1. **"Él ha resucitado de los muertos, y va delante de vosotros a Galilea".**
2. "Todo se acabó. Jesús no resucitó".
3. "Id y haced discípulos a todas las naciones".
4. "No hablen a nadie acerca de Jesús".

8 ¿Qué dieron los principales sacerdotes a los guardas para que dijeran que los discípulos de Jesús habían robado su cuerpo? (28:12-13)

1. **Mucho dinero**
2. Un ascenso en el rango militar
3. Un banquete
4. Una advertencia

9 Según Jesús, ¿que le había sido dada? (28:18)

1. Gran autoridad
2. **Toda potestad en el cielo y en la tierra**
3. Las riquezas celestiales
4. Vida eterna

10 En la Gran Comisión, ¿qué ordenó Jesús que hicieran sus discípulos? (28:19-20)

1. Hacer discípulos a todas las naciones
2. Bautizar
3. Enseñar
4. **Todas las respuestas son correctas.**

VERSÍCULOS PARA MEMORIZAR

Los siguientes son los versículos para memorizar para cada lección. Puede hacer copias de esta página y distribuirlas a los niños para que los estudien.

LECCIÓN 1

"Y dará a luz un hijo, y llamarás su nombre Jesús, porque él salvará a su pueblo de sus pecados" (Mateo 1:21).

LECCIÓN 2

"Él respondió y dijo: Escrito está: No sólo de pan vivirá el hombre, sino de toda palabra que sale de la boca de Dios" (Mateo 4:4).

LECCIÓN 3

"Bienaventurados los pobres en espíritu, porque de ellos es el reino de los cielos. Bienaventurados los que lloran, porque ellos recibirán consolación. Bienaventurados los mansos, porque ellos recibirán la tierra por heredad. Bienaventurados los que tienen hambre y sed de justicia, porque ellos serán saciados" (Mateo 5:3-6).

LECCIÓN 4

"Bienaventurados los misericordiosos, porque ellos alcanzarán misericordia. Bienaventurados los de limpio corazón, porque ellos verán a Dios. Bienaventurados los pacificadores, porque ellos serán llamados hijos de Dios. Bienaventurados los que padecen persecución por causa de la justicia, porque de ellos es el reino de los cielos" (Mateo 5:7-10).

LECCIÓN 5

"Bienaventurados sois cuando por mi causa os vituperen y os persigan, y digan toda clase de mal contra vosotros, mintiendo. Gozaos y alegraos, porque vuestro galardón es grande en los cielos; porque así persiguieron a los profetas que fueron antes de vosotros" (Mateo 5:11-12).

LECCIÓN 6

"Oh Dios, santo es tu camino; ¿qué dios es grande como nuestro Dios? Tú eres el Dios que hace maravillas; hiciste notorio en los pueblos tu poder" (Salmos 77:13-14).

LECCIÓN 7

"Entonces dijo a sus discípulos: A la verdad la mies es mucha, mas los obreros pocos. Rogad, pues, al Señor de la mies, que envíe obreros a su mies" (Mateo 9:37-38).

LECCIÓN 8

"Venid a mí todos los que estáis trabajados y cargados, y yo os haré descansar. Llevad mi yugo sobre vosotros, y aprended de mí" (Mateo 11:28-29*a*).

LECCIÓN 9

"Mas buscad primeramente el reino de Dios y su justicia, y todas estas cosas os serán añadidas" (Mateo 6:33).

LECCIÓN 10

"Echa sobre Jehová tu carga, y él te sustentará; no dejará para siempre caído al justo" (Salmos 55:22).

LECCIÓN 11

"Respondiendo Simón Pedro, dijo: Tú eres el Cristo, el Hijo del Dios viviente" (Mateo 16:16).

LECCIÓN 12

"Jesús dijo: Dejad a los niños venir a mí, y no se lo impidáis; porque de los tales es el reino de los cielos" (Mateo 19:14).

LECCIÓN 13

"Jesús le dijo: Amarás al Señor tu Dios con todo tu corazón, y con toda tu alma, y con toda tu mente. Este es el primero y grande mandamiento. Y el segundo es semejante: Amarás a tu prójimo como a ti mismo" (Mateo 22:37-39).

LECCIÓN 14

"Por haberse multiplicado la maldad, el amor de muchos se enfriará. Mas el que persevere hasta el fin, éste será salvo" (Mateo 24:12-13).

LECCIÓN 15

"En quien tenemos redención por su sangre, el perdón de pecados según las riquezas de su gracia" (Efesios 1:7).

LECCIÓN 16

"Yendo un poco adelante, se postró sobre su rostro, orando y diciendo: Padre mío, si es posible, pase de mí esta copa; pero no sea como yo quiero, sino como tú" (Mateo 26:39).

LECCIÓN 17

"Entonces Jesús dijo a sus discípulos: Si alguno quiere venir en pos de mí, niéguese a sí mismo, y tome su cruz, y sígame" (Mateo 16:24).

LECCIÓN 18

"¿Qué, pues, haré de Jesús, llamado el Cristo?" (Mateo 27:22a).

LECCIÓN 19

"Porque de tal manera amó Dios al mundo, que ha dado a su Hijo unigénito, para que todo aquel que en él cree, no se pierda, mas tenga vida eterna" (Juan 3:16).

LECCIÓN 20

"Por tanto, id, y haced discípulos a todas las naciones, bautizándolos en el nombre del Padre, y del Hijo, y del Espíritu Santo; enseñándoles que guarden todas las cosas que os he mandado; y he aquí yo estoy con vosotros todos los días, hasta el fin del mundo. Amén" (Mateo 28:19-20).

Actividades para Enseñar el Versículo Para Memorizar

PASEN LA BIBLIA

Para esta actividad necesitará una Biblia y un radio o CD de música.

Pida a los niños que se sienten formando un círculo. Entregue la Biblia a un niño. Cuando empiece la música, diga a los niños que pasen la Biblia alrededor del círculo. Cuando pare la música, el niño que está sosteniendo la Biblia debe decir el versículo bíblico. Pare la música de manera que cada niño tenga oportunidad de decir el versículo.

REVENTANDO GLOBOS

Necesitará globos, un marcador y cinta adhesiva.

Infle los globos y en cada uno escriba una palabra del versículo bíblico. Con cinta adhesiva pegue los globos en la pared en el orden correcto. Guíe a los niños para que lean juntos el versículo. Escoja a un niño o niña para que reviente un globo. Pida a los niños que digan otra vez el versículo recordando la palabra que falta. Elija a otro niño para que reviente otro globo. Pida a los niños que digan el versículo nuevamente. Continúen hasta que no quede ningún globo y los niños puedan decir el versículo de memoria.

UNA MEMORIZACIÓN DIVERTIDA

Escriba cada palabra o frase del versículo en un pedazo de papel.

Haga dos juegos de palabras, uno para cada equipo. Divida la clase en dos equipos. Frente a cada equipo coloque en el suelo un juego de palabras. Mezcle los papeles para que estén en desorden. Cuando dé la señal, el primer niño de cada equipo debe encontrar la primera palabra del versículo y correr a la meta. El niño pone el papel en el piso y corre a donde está el segundo jugador. Éste recoge la segunda palabra del versículo y corre con ella a la meta. Continúen hasta que un equipo complete el versículo en perfecto orden. Dé tiempo para que el segundo equipo complete su versículo. Luego pida que ambos equipos digan juntos el versículo.

EL VERSÍCULO BÍBLICO EN FILA

Escriba cada palabra o frase del versículo en una tarjeta o pedazo de papel.

Entregue un pedazo de papel a cada niño. Instruya a los niños que tienen esos papeles para que se paren en diferentes lugares del salón y mantengan en alto su papel. Elija a otro niño que deberá poner a los niños en fila en el orden correcto del versículo. Después pida que todos lean juntos el versículo.

MEMORIZACIÓN CON CARITAS FELICES

Escriba cada palabra o frase del versículo en un plato de cartón o un círculo de papel.

Reparta los platos a los niños y pídales que, en el lado del plato o círculo que está en blanco, dibujen una carita feliz. Pegue los platos a la pared de modo que los niños puedan ver las palabras del versículo. Lean juntos el versículo. Elija a un niño para que dé vuelta a uno de los platos y se vea la carita feliz. Después pida a los niños que lean el versículo. Elija a otro niño para que le dé vuelta a otro plato. Digan el versículo otra vez. Continúen hasta que todos los platos muestren las caritas felices, y los niños puedan decir el versículo de memoria.

UNA TELA DE ARAÑA DE REPASO

Necesitará una bola de lana.

Pida a los niños que se paren formando un círculo. Tire la bola de lana a un niño o niña y pídale que diga la primera palabra del versículo. El niño luego envolverá la lana alrededor de su dedo índice y le tirará la bola a otro niño al otro lado del círculo. Éste dirá la segunda palabra del versículo y envolverá la lana alrededor de su índice. Continúen jugando y diciendo las palabras del versículo hasta que todos los niños hayan participado. El movimiento de la lana de un lado a otro irá formando la tela de araña.

PÁRATE Y HABLA

Pida a los niños que se sienten formando un círculo. Indique al primer niño o niña que se pare, diga la primera palabra del versículo y se siente. El segundo niño se para, dice la segunda palabra del versículo y se sienta. Continúen hasta que los niños completen el versículo. Anímelos a repetir el juego pero haciéndolo más rápido que la primera vez. Permita que los niños vean qué tan rápido pueden decir el versículo.

ORDENEMOS EL VERSÍCULO BÍBLICO

Escriba cada palabra o frase del versículo en un pedazo de papel.

Distribuya los pedazos de papel en desorden. Indique a los niños que se coloquen en el orden correcto según la parte del versículo que recibieron. Pida a los niños que digan juntos el versículo. Luego pida a un niño o niña que dé vuelta a su papel para que los demás no puedan ver su palabra. Pida a los niños que digan el versículo otra vez. Continúen de esta manera hasta que todos los papeles estén volteados y ninguna palabra esté visible.

El Desafío D-Codificar

ESGRIMA BÍBLICO–DISPONIBLE, ILIMITADO Y COMPRENDIDO

En 2008-2009, el Proyecto de Ofrenda Misionera Niños Alcanzando a Niños, El Desafío D-Codificar, asumió el reto de reunir fondos para la traducción, producción y distribución de los materiales de Esgrima Bíblico Para Niños. Niños, distritos e iglesias de todo el mundo se unieron al esfuerzo y reunieron casi $310,000 (dólares) para el Desafío D-Codificar. La mayor porción, 70% ($216,000), se designó para la tarea de traducir el Esgrima Bíblico Para Niños. El libro que tiene en sus manos, producido originalmente en inglés por Nazarene Publishing House, se tradujo al inglés global, francés, coreano, portugués y español, mediante el esfuerzo de personas de Ministerios de Niños Internacional, Publicaciones Nazarenas Globales y un equipo de asombrosos traductores.

Niños Alcanzando a Niños

El Proyecto de Ofrenda Misionera Niños Alcanzando a Niños es el énfasis misionero anual para niños, el cual reúne dinero para un número de esfuerzos de ministerio y misiones integrales especiales para niños en todo el mundo. Niños Alcanzando a Niños anima a los niños, iglesias, distritos y regiones mundiales a reunir dinero para responder a las necesidades espirituales, educativas, físicas y sociales de niños en todas las regiones del mundo. Si desea más información sobre Niños Alcanzando a Niños, visite *www.kidsreachingkids.com*.

HOJA DE ASISTENCIA

Escriba los nombres de los niños en los espacios provistos. Coloque una X en la columna por cada lección a la que asista el niño. Si necesita más espacios, puede hacer copias de esta hoja de asistencia.

NOMBRE	1	2	3	4	5	6	7	8	9	10	11	12	13	14	15	16	17	18	19	20

Tabla de Puntaje del Esgrima Infantil

Instrucciones:

En el Esgrima Básico se usan las preguntas 1-15. En el Esgrima Avanzado se usan 20 preguntas. Lea las Reglas y Procedimientos Oficiales para ver las instrucciones completas.

Iglesia/Nombre del Equipo: _____

Nombres:	Vuelta 1	1	2	3	4	5	6	7	8	9	10	11	12	13	14	15	16	17	18	19	20	Total
Puntos Adicionales del Equipo:																						

Puntaje Total del Equipo

Nombres:	Vuelta 2	1	2	3	4	5	6	7	8	9	10	11	12	13	14	15	16	17	18	19	20	Total
Puntos Adicionales del Equipo:																						

Puntaje Total del Equipo

Nombres:	Vuelta 3	1	2	3	4	5	6	7	8	9	10	11	12	13	14	15	16	17	18	19	20	Total
Puntos Adicionales del Equipo:																						

Puntaje Total del Equipo

www.ingramcontent.com/pod-product-compliance
Lightning Source LLC
Chambersburg PA
CBHW081346040426
42450CB00015B/3324